直笔巨献

典藏版

# 雷霆三少

直笔体育巨星系列

管超 编著

北京时代华文书局

**图书在版编目（CIP）数据**

雷霆三少 / 管超编著． -- 北京 ： 北京时代华文书局， 2021.6
ISBN 978-7-5699-4168-5

Ⅰ．①雷… Ⅱ．①管… Ⅲ．①凯文·杜兰特－传记 ②詹姆斯·哈登－传记 ③拉塞尔·威斯布鲁克－传记 Ⅳ．① K837.125.47

中国版本图书馆 CIP 数据核字（2021）第 086487 号

## 雷霆三少

LEITING SANSHAO

编 著 者 | 管　超

出 版 人 | 陈　涛
选题策划 | 董振伟　直笔体育
责任编辑 | 周连杰
执行编辑 | 王振强　马彰羚
责任校对 | 张彦翔
装帧设计 | 程　慧　赵芝英
责任印制 | 訾　敬

出版发行 | 北京时代华文书局 http://www.bjsdsj.com.cn
北京市东城区安定门外大街 136 号皇城国际大厦 A 座 8 楼
邮编：100011　电话：010-64267955　64267677
印　　刷 | 小森印刷（北京）有限公司　010-80215073
（如发现印装质量问题，请与印刷厂联系调换）
开　　本 | 710mm×1000mm　1/16　印　　张 | 20　字　　数 | 240 千字
版　　次 | 2021 年 6 月第 1 版　印　　次 | 2021 年 6 月第 1 次印刷
书　　号 | ISBN 978-7-5699-4168-5
定　　价 | 88.00 元

序

# 你知道雷霆是怎样诞生的吗？

在飘摇的高空中，一大团翻腾波动的水、冰晶和空气聚在一起形成雷雨云，冰晶凇附、水滴破碎，被气流反复撕扯撞击，从而充满了静电。其中重量较轻、带正电的堆积在云层上方；较重、带负电的聚集在云层底部，而云体又与大地产生摩擦，地面受到云层底部的大量负电的感应而带正电。正负两种电荷差异越来越大，越来越大，终于到了某一个临界点，于是，闪电撕破天空，雷霆咆哮人间。

2008 年，当俄克拉荷马城终于为自己迎来的 NBA 球队冠以“雷霆”之名时，他们期待的或许就是这样的景象。

百废待兴，但生机勃勃。这支球队已经处于尼采所谓“三种变形”的最终阶段：西雅图超音速队一直如骆驼般背负着厚重的历史砥砺前行，而后他们像狮子一样决然毁灭了原有的一切秩序，新生的雷霆队就宛如赤子一般将属于上一个城市的历史抛诸脑后，重新展现出了强大的生命力和创造力。

这是完美的重建，没有包袱，只有希望。他们已经拥有了灵魂支柱，凯文·杜兰特实力强大，为人谦逊友善，他并不嫌弃这个在大城市居民看来或许乏善可陈的美国中部小镇，反而带来了与小镇同等安静的气质，是当地球迷看了绝对会喜欢的类型。他们还有拉塞尔·威斯布鲁克——一个喜欢奇装异服和先锋流行文化的孩子，他看起来脾气不太好，但实际上有趣又努力。加上萨姆·普雷斯蒂的圣安东尼奥马刺队“血统”，在篮球上这支球队已经定调了，他们是认真地要给 NBA 世界带来一场“雷霆”。

当詹姆斯·哈登降临，球队核心版块的最后一块拼图完成。再过十年，这也是时髦值排在联盟前列的配置：一个身材高大却可内可外的小前锋，一个充满活力能轰炸全场的控球后卫，一个得分与掌控节奏都很厉害的得分后卫。更难得的是，这三位都具备超级巨星的气质，不是说他们的数据怎样好看，而是在关键时刻，他们都是能扭转战局、一锤定音的那种人。一支球队有其中一位巨星，就可以保证做个季后赛争夺者；有两位，那么冲击冠军也并非没有可能；而俄克拉荷马城雷霆队，竟然可以从选秀的汪洋大海里直接挑中三位，这是何等的运势。

气流激烈碰撞，雷雨云在天边堆积变幻，你几乎可以听到隐约的闷响。还差一点儿，只差一点儿，能量就大到必须被释放出来，雷霆即将轰鸣。

但这个临界点始终没有到来。

俄克拉荷马城雷霆队的这一次酝酿已经在2019年彻底宣告失败，很多人会为之遗憾，但更多的人可能会提出问题。为什么一支既有球员实力又有管理能力的NBA球队，会在成功前夕突然自毁长城？为什么一个旨在成为伟大领袖的球员，会突然“背叛投敌”，甘愿寄人篱下？为什么单打独斗的超级巨星，始终找不到合适的搭档走向成功？杜兰特、威斯布鲁克、哈登，究竟是如何走过了那段属于“雷霆三少”的日子？

历史里藏着细节，线索牵动着故事进展，一切皆有缘由，只是当时无人在意。

OKLAHOMA
CITY

GOLDEN STATE
35
WARRIORS

BROOKLYN
7

CITY
0

washington
4

CITY
13

ROCKETS
13

13

CONTENTS

# 目录

☆ ☆ ☆ ☆ ☆ ☆ ☆

washington
4

## 第六章 三人三城 各自为王



## 第七章 花开三支 各绽英姿



## 第八章 歧路人生 以始为终

OKLAHOMA
CITY
0

# 第一章

# 声震人间 点燃雷霆

## 第一节 暗流涌动

西雅图超音速队篮球事务主席兰尼·威尔肯斯从来不是一个迷信的人。他作为球员、教练或球队管理人员所经历的故事都已经足够多，过往的种种光荣与失落都足以让他看清：运气或许能带来一时的欣喜，但自身的实力才能决定你最终走过的距离。但是，2007 年 5 月 22 日，时任 NBA 副总裁的萧华打开信封，依次读出 2007 年选秀顺位归属的时候，威尔肯斯却愿意打破一贯的坚持，是的，他心爱的球队和城市确实得到了命运女神的青睐。

**“2007 年 NBA 选秀第二顺位选秀权将归于——西雅图超音速队。”**

威尔肯斯相信，这就是新的起点。谁都知道，拥有状元签的波特兰开拓者队几乎百分百将选择俄亥俄州立大学的内线巨兽格雷格·奥登，而在 Big 12 赛区大杀四方的得克萨斯大学新星凯文·杜兰特，就注定落入西雅图的怀抱。

杜兰特，在 2007 年初夏来临之前，整个美国已经开始传颂他的

故事。

他在 1988 年 9 月 29 日出生于美国首都华盛顿哥伦比亚特区，父母在他襁褓时期就离了婚，然后母亲旺达带着他和年长 3 岁的哥哥托尼搬到了华盛顿东部郊区，在马里兰州犯罪率最高的乔治王子郡生活。因为生活拮据而周遭环境又混乱，他们总是搬家，按他童年好友迈克尔·比斯利的说法:“杜兰特几乎住遍了乔治王子郡的每一个角落。”妈妈总是在工作，爸爸早已从生活中缺席，没有稳定的居所又意味着他无法拥有持续的友谊。

直到他遇上篮球。“我第一次走进体育馆的时候，我就爱上了这项运动。”后来杜兰特在被采访时回忆起自己的童年，那个身高过人却瘦得皮包骨头的孩子，才 8 岁，就向母亲宣布自己以后要成为 NBA 球员。

母亲没有笑话他的梦想，而是在确认他不是心血来潮之后告诉他：“那你一定得努力才行。”

他确实付出了巨大的努力，周围的人常常会看见他在附近的山头练习冲刺爬坡，他的母亲会监督他每天必须爬 25 次以上。当然，他更多时候是泡在篮球场上，不知道有多少次，他累得在场边的板凳上睡着，直到被人叫醒才回家。“当时周围的人都用那种看疯子的眼神看我，”杜兰特说，“因为我总是待在那里，一天到晚待在那里。”

杜兰特的篮球技术进步飞快，体能也越来越好，更棒的是，他还在快速长高。杜兰特从小就比身边的同龄人高很多，这曾经一度让他感到有些自卑，但对于一个篮球运动员来说，这却是无与伦比的天赋。

之后的故事发展理所当然：杜兰特加入乔治王子郡 AAU 队并带领球队夺得了全美冠军，他帮助高中球队勇夺全美高中篮球实力榜第一名。

杜兰特被得克萨斯大学招募入队，在大一那年，他场均得到 **25.8 分，抢到 11.1 个篮板**，这两个数据都冠绝 Big 12 赛区，此外，他每场还能送出 **1.3 次助攻和 1.9 次盖帽**。凭借着如此优异的表现，杜兰特毫无争议地获得了 2007 年约翰 · 伍登奖。这个奖项自 1977 年设立以来，每年都颁发给全美大学篮球界表现最出众的选手，而

TEXAS
35

2007 年获奖的杜兰特，则是第一位获得此项殊荣的大一新生。

大学篮球已经不再是杜兰特的舞台，他的下一站就在夜未眠的西雅图。

西雅图的 NBA 球队并不孱弱，尽管他们在 2006–2007 赛季里仅取得 31 胜，战绩排在联盟倒数第五，但“双子星”雷 · 阿伦和拉沙德 · 刘易斯的存在，让他们在任何球队面前都有一战之力。“我以为我们会变成一支很出色的球队，”雷 · 阿伦后来回忆说，“有杜兰特、我和拉沙德在这里，我们原本可以在这里成就一些伟大故事。”

但西雅图是个多雨的城市，你永远也说不好看似平静的天空中是否藏着暗涌。兴奋的威尔肯斯从新泽西的乐透抽签现场回到西雅图，却发现球队老板克雷 · 本内特并不像其他人那样激动，反而开始不停地抱怨，说这种古板的老套路必须改改了，市里始终不同意他们再建

一座新的球馆云云。

威尔肯斯意识到：有什么大事要发生了。

两周之后，本内特略过威尔肯斯选择的几个候选人，亲自指定年仅30岁的萨姆·普雷斯蒂为球队的新任总经理，并立刻宣布赋予他“有关篮球事务的完整权力与职责”，威尔肯斯在新的权力架构里退居次席。

6月28日，选秀日。

雷·阿伦看见凯尔特人在疯狂地清空阵容，把球员一个又一个交易走，心中浮现出不祥的预感。果然，他听到自己的名字，他被打包送到了波士顿，同时送走的还有超音速的35号签，而换来的则是凯尔特人刚刚用5号签选中的乔治城大学前锋杰夫·格林、后卫德隆蒂·韦斯特、前锋沃利·斯泽比亚克和一个未来的二轮签。

《西雅图时报》在体育版打出大标题“**你好杜兰特，再见雷·阿**

伦”，宣告西雅图超音速队的改朝换代。“这是一个非常艰难的决定，但这是对球队最好的选择，”刚刚上任不到一个月的总经理普雷斯蒂说，“我们的目标不是打进季后赛，我们想要的是长久的、可持续的成功。”随队记者珀西·阿伦更在报道里引用球队老板本内特的发言：“我个人十分希望留下为我们做出过巨大贡献的球员，但西雅图超音速队相信，我们能够围绕杜兰特建队，并走向一个完全不同的方向。”

# 你好杜兰特

# 再见雷·阿伦

# 第二节 超级逃兵

西雅图张开双臂拥抱了杜兰特的到来，不仅是未来队友，甚至还有为其他球队效力的西雅图本地人。比如萨克拉门托国王队新秀斯潘塞·霍伊斯就成为他的向导，为他介绍城市风貌，让他感受到西雅图的温柔与热情。还有快船队球员威尔·康罗伊，他说：“我们从一开始就打定主意要让凯文融入这个西雅图家庭里来，我们每次约着练球的时候，都不会忘记把凯文也叫上。”

杜兰特在西雅图的生活逐渐安定下来，他在郊外买了一栋不错的房子，在主场的时候，每天开车经过浮桥到城里的球馆，一路上的风景令人心旷神怡。“西雅图总是在下雨，但你会看到桥下的水是怎样流过去，在春天的时候，你还能看见山。”杜兰特后来回忆起当年的生活，语气中仍带有怀念，“我当时已经在那座城市扎根了。”

但这座多雨的城市，纵使天空看似多么温柔，乌云仍会悄然密布。在 2007–2008 赛季，输球对于超音速队几乎是家常便饭。先是队史

SONICS
35

最糟糕的 2 胜 14 负，然后经历了一波 14 连败，在全明星赛之前，战绩跌到了可悲的 13 胜 38 负。

**杜兰特是这支球队里唯一闪耀的球星，他场均得到 20.3 分**。面对亚特兰大老鹰队，他命中了职业生涯的第一个制胜球。杜兰特获得了周最佳新秀、月最佳新秀，最终在这个赛季结束的时候，毫无争议地获得了年度最佳新秀。杜兰特开始不断向世人证明自己的价值，证明当初那笔交易是对的，他的确值得让西雅图超音速队送走两个全明星级别的球员，围绕他重新建立一支崭新的球队。

**但杜兰特的天赋和能力并不足以弥补球队整体深度的欠缺。**“除了杜兰特，我们完全没有其他得分点。”西雅图超音速队主场解说员凯文 · 卡拉布洛如是评价。

赛季的最低点出现在 2008 年 3 月 16 日，丹佛掘金队以 168 ∶ 116 大胜超音速队，创造了超音速队史上失分最多的单场纪录。

面对这样的糟糕表现，《西雅图时报》专栏作者史蒂夫·凯利甚至给球队取了个讽刺的外号：西雅图超级逃兵队！

凯利写道："这支自诩为西雅图超音速的球队在周日晚上如落水狗一般逃窜。这支球队羞辱了整个城市，羞辱了联盟，最重要的是，让他们自己面上蒙羞。"

凯利的严厉之词与其说是在痛斥球队，更不如说是在责骂西雅图超音速队的管理层。在赛季刚刚开始不到一周的时候，老板本内特就宣布他计划给超音速队和 WNBA 的风暴队寻找一个新家，不在西雅图甚至华盛顿州的任何地方，而是在俄克拉荷马州的俄克拉荷马城。

最早察觉异样的威尔肯斯在赛季开始前就选择离开，他曾经作为球员在超音速队效力，也作为主教练率领这支球队夺得 1979 年 NBA 总冠军。十年之后，威尔肯斯回忆起当时的情况，依然带有几分愤怒："我决不愿意成为俄克拉荷马什么队的一分子，所以我只能辞职。"

时间越接近赛季结束，不安的情绪越发在西雅图蔓延。在超音速队的倒数第二个主场比赛时，对手掘金队主帅乔治·卡尔也曾执教过超音速队。乔治·卡尔佩戴了一条太空针塔图案的领带，而太空针塔正是西雅图的地标。**那一场，杜兰特砍下 37 分，杰夫·格林拿到 35 分，两人联袂带领球队获得了赛季第 18 胜。**

时间终于到了 4 月 13 日，这是超音速队整个赛季最后一次在主场钥匙球馆作战，17072 名球迷蜂拥至现场，去观看超音速队与达拉斯独行侠队（曾译为"小牛队"，本书统一使用译名"独行侠队"）的这场比赛。

没有人知道这会不会是西雅图的最后一役，球队上下避而不谈，球馆的工作人员也被反复交代不要把这场比赛当成告别，但球迷希望

用自己的声音表达意见。当时独行侠队正在争夺季后赛席位，而超音速队已经注定要写下历史最烂战绩，但在比赛还有 3 分 14 秒结束的时候，落后 6 分的超音速队突然打出一波 10 ： 0 的攻势。

反超的那个瞬间，是杜兰特的中距离跳投命中，篮筐上面的时钟显示距离比赛结束还有 41.6 秒，球迷开始呐喊："救我超音速！"（Save our Sonics！）杜兰特一边快速后撤防守，一边高举着手臂鼓励球迷。**"救我超音速！救我超音速！"**声浪在场上层层叠叠，在那一刻，西雅图超音速队 41 年厚重的历史与爱从年轻的新秀球员眼前清晰闪过。

但这改变不了什么。

**西雅图超音速队最终以 20 胜 62 负的成绩结束了这个赛季，排在联盟倒数第二位。**

4 月 18 日，NBA 董事会以 28 票赞成、2 票反对通过了西雅图超音速队的搬家请求。只有达拉斯独行侠队老板库班和波特兰开拓者队老板保罗 · 阿伦投了反对票。

6 月 26 日，西雅图超音速队用第四号顺位选中了加州大学洛杉矶分校（下文简称 UCLA）的后卫拉塞尔 · 威斯布鲁克，之后又在第 24 顺位上选中了来自西班牙的大个子塞尔吉 · 伊巴卡。

**西雅图超音速队**

**20 胜 62 负**

7 月 2 日，NBA 总裁大卫 · 斯特恩宣布西雅图市和超音速队达成分手协议：超音速队史上获得的奖杯、冠军旗帜和退役球衣都将留在西雅图，只要 NBA 同意，超音速队的队名、标志、球队配色也都将无偿交给未来的西雅图新球队来继承，但是，管理层、球员、工作人员，以及教练办公室里的平板大电视，都将跟随球队搬到俄克拉荷马城。西雅图超音速队 41 年的辉煌历史，也将从此与俄克拉荷马城共享。

## 第三节
# 雷霆之名

**2008-2009赛季是全新的旅程。**蓝橙取代黄绿装饰着全新的球馆，篮球场上空也不再挂着1979年总冠军旗帜和格斯·威廉姆斯、兰尼·威尔肯斯等人的退役球衣，当球员们踏上球场，听到的将是“O-K-C！O-K-C！”的欢呼。这是新的城市、新的球迷、新的时代篇章，球队将以俄克拉荷马城雷霆队的名义继续征战NBA，后视镜里的西雅图已经消失踪影。

球队阵容做了比较大的调整，只有8名前超音速队球员留在了雷霆队。超音速队史上最后选中的高位秀威斯布鲁克是新鲜血液中最重要的那个人。

**如果要用一个词来形容威斯布鲁克，“好胜”就是他人生的关键词。**他的启蒙教练雷吉·汉密尔顿在20年后都还会微笑着回忆当初的那个7岁小男孩，明明才学习篮球没多久，就敢开口要求上场，然后每次在场上胜负心都会爆棚。“他当初非常情绪化，”汉密尔顿说，“一旦在场上出了什么问题，最后总会哭着离开球场。”

HUNDER
0

但这并不是件坏事，因为跟他的好胜相匹配的，是十足的刻苦训练。他的父亲老拉塞尔会陪着他每天在球馆泡上好几个小时，看着儿子每天投 500 个球以上，直到筋疲力尽。他的篮球梦想也远非一帆风顺，他身高长得太慢，刚进高中的时候只有一米七出头，弹跳能力也不太行，直到高三那年才勉强能够扣篮。他的学业倒是不错，尤其是数学，有几所学校甚至愿意给他提供奖学金，但看中他篮球天赋的大学则是一家也无。

真正的转机出现在高中的最后一年，威斯布鲁克的个子突然蹿高，他一下子长到了一米九。原本占据着主要上场时间的学长们也纷纷毕业了，威斯布鲁克抓住了每一次证明自己的机会，很快成为新的当家球星。**他进入 UCLA，在大二成为主力控卫，跟凯文·乐福组成绝妙搭档，在 PAC-10 横行无阻。**

那个赛季，UCLA 一路杀进了 NCAA 锦标赛四强。在半决赛里，他们遇上了德里克 · 罗斯领军的孟菲斯大学。在此之前，罗斯已经被公认预定了 2008 年 NBA 选秀的状元签，在人们眼中，他是个比威斯布鲁克优秀得多的控卫。但威斯布鲁克证明了自己，尽管罗斯和未来的 NBA 球员克里斯 · 道格拉斯 · 罗伯茨联手砍下了 53 分，但威斯布鲁克依然贡献了 22 分的表演，在 UCLA 的失利中，他是队里表现最好的球员。

这一年，威斯布鲁克被评为 PAC-10 赛区年度最佳防守球员，同时入选 PAC-10 最佳阵容三队。他的表现在 NBA 球探里口口相传，最终将他送上了 2008 年选秀第四顺位的位置，戴上超音速队的帽子，披挂上雷霆队的战袍。

**俄克拉荷马城雷霆队的第二核心，就此到位！**

# 第四节 三少相聚

**谁终将声震人间，必长久深自缄默；谁终将点燃闪电，必长久如云漂泊。**尼采留下的金句之于雷霆队犹如谶语。搬到俄克拉荷马城的第一年，赢球对雷霆队而言几乎是种奢望。在赛季的前13场比赛中，他们仅仅赢了1场。教练更迭，CJ · 卡莱西莫下课，助理教练斯科特 · 布鲁克斯上位，但在接下来的13场比赛里面，他们还是只赢了1场。

在2008-2009赛季里，雷霆队在两年内选中的三个高位新秀是球队当之无愧的核心。**杜兰特场均得到25.3分，格林16.5分，而整赛季82场全勤的威斯布鲁克场均也能得到15.3分。**但关于他们的批评声也逐渐响起：杜兰特看起来太软了，他常常在外线飘着投篮，仿佛惧怕身体对抗；威斯布鲁克又太独了，作为一个控卫，他本应该为杜兰特和格林创造更多机会，但他却经常无视队友，非要自己迎着封堵投篮。在赛季结束的时候，两位二年级学生的投篮命中率都不到50%，威斯布鲁克更惨，甚至不到40%。

ODEN
22

但在普雷斯蒂为首的雷霆队制服组看来，这样的阵痛早在他们预料之中。雷霆队是一支新生的球队，他们正处于重建的初期。他们从西雅图超音速队的遗产里挑选了几位未来巨星加以精心培养，给他们无尽的领导权和出手权，将比赛视为“幼兽们”历经磨炼的操场，犯错是可以容忍的，短期成绩是可以牺牲的，成长才是重中之重。

俄克拉荷马城雷霆队的初始赛季，战绩为 23 胜 59 负，他们将得到三年里的第四个高位新秀，而他们用手里的探花签选择了来自亚利桑那州立大学“阳光魔鬼”队的詹姆斯 · 哈登。

对于威斯布鲁克来说，哈登并不是个陌生的名字，当他 2008 年进入 PAC-10 赛区第三阵容的时候，哈登正是最佳第一阵容的成员。当然，亚利桑那州立大学是赛区里最弱的球队，他们那年甚至没打进 NCAA 锦标赛，但哈登的表现十分出众：**场均 17.8 分、5.3 个篮板和 3.2 次助攻**；更惊人的是他的数据并非建立在无限的出手之上，他的运动战命中率高达 52.7%，三分球命中率更是超过 40%。他是 Pac-10 赛区历史上场均得分第八的大一球员，是整个赛区里抢断最多的选手。同时，**他不再刮掉他的胡子，希望能让自己看起来更成熟一点，这在后来会成为他的著名标志。**

这个时候的哈登，在教练、记者和队友看来，是个以球队大局为重，能帮助队友变得更好，但在关键时刻也能扛得住事的领袖。他的高中教练斯科特·佩拉还记得，在哈登高三的时候，他不得不强行命令哈登多投一点球。“你是怯场了吗？不敢担当责任吗？”他质问哈登。而哈登则摇摇头回应他：“我不怕，但我不希望别人以为我是条独狼。”

哈登另一条令人瞩目的特质是他十分听教练的话，能够不打折扣地执行每一条命令。这可能跟他的童年经历有关，由于父亲常年在生活里缺席，母亲蒙尼亚靠同时打三份工来抚养三个儿子，她总是告诉他们，上课要认真听老师的话，打球的时候要听教练的话，这个习惯一直延续到他们长大。

许多年后，蒙尼亚谈起哈登幼时的梦想，说他毫不犹豫地将自己的未来放在了 NBA。“他没给自己留任何退路，”蒙尼亚笑着回忆，**“他就是一心向往着 NBA，然后他做到了。”**

凭借着 2008 年的表现，哈登已经获得了许多 NBA 球队的注意，球探们告诉他，如果他立刻参选的话，甚至可以进入乐透区，但他选择在大学里再历练一年。哈登的选择是正确的，这个赛季，他带领“阳光魔鬼”队进入了 NCAA 锦标赛，尽管数据比前一年有所下滑，但这一次，他被公认为2009年选秀中第二出色的新秀，仅次于布雷克·格里芬。

当然，这一届选秀里还有最终拿到最佳新秀的泰瑞克·埃文斯、未来的联盟 MVP 斯蒂芬·库里和德玛尔·德罗赞，但雷霆队还是坚持选择了哈登，他们相信，这个孩子就是他们在寻找的最后一块拼图，他将跟杜兰特、威斯布鲁克和终于从西班牙来到美国的伊巴卡一起，为雷霆队成就光明未来。

THUNDER
35

第二章

# 蓄势待发 雷霆王朝

## 第一节 雷霆大学

哈登是这支球队以俄克拉荷马城雷霆队的名义在 NBA 选秀里选中的第一个球员，他成为 2009 年的探花秀。选秀日当天，雷霆队总经理萨姆·普雷斯蒂说他们的选秀策略并没有什么特别的：“我们对待每场选秀的态度都基本一样，我们会努力寻找那些符合球队文化的球员，让他们得以跟我们一样成长。”

他的视线穿越人群，望向正在被另一群人包围着的哈登：“今晚，我感觉我们达成了这个目标。”

雷霆队的文化是什么样的呢？刚刚结束的 2008–2009 赛季，就像是一所大学。年轻的球队核心成员聚在一起，他们每天在一起训练、比赛，提升自己的能力，然后一起吃饭，一起四处去玩。

“威斯布鲁克让一切都变得比原来更有趣一点，”杜兰特表示，“上个赛季我们整体的氛围比较严肃，但他把那种大学校园里的感觉带来了队里，所有人都感到轻松了许多……这是一种很亲密的感觉，就像是我们变成了一家人。”

队友德斯蒙德·梅森形容这三个年轻球员的关系“好似亲兄弟一般”，他说：“等他们长大了以后，他们可以畅所欲言地与对方交流沟通，因为他们是朋友，他们之间的关系已经足以紧密到就事论事，而不必担心误伤到谁的感情。”

这种氛围一直延续到又一个高位新秀哈登的到来，三人组变成了四人小团队，他们总是在大声谈笑，在飞机上，在去往另一个城市的长途大巴上，他们之间总是有很多无厘头的笑话，没什么特别的意义，但就是能令他们笑成一团。他们还会一起去看电影，杜兰特说他最喜欢的一次是去看一个恐怖片。“杰夫之前就看过这部片子了，所以我们就老问他后来剧情怎么样了呀？可他什么都不肯说。”杜兰特承认，电影本身怎么样其实并不重要，“我就是喜欢兄弟们一起去看电影的这种感觉”。

社交媒体在他们的友谊里也扮演了一个重要的角色，新兴的社交媒体刚刚在联盟的年轻球员里流行开来，而雷霆少年们当然“冲浪”在时代的最前沿。那个时候的舆论环境还远不像如今这般会抓住每一个字眼放大、公众人物们乐于分享自己的生活，有一阵子，雷霆队的四人小组简直把社交媒体当成了短信在发：要叫另一间房里的队友过来玩，问问别人要吃点什么，看了一部好电影，结束了一个采访，这些琐事都要发个社交媒体。“前两天我的手机丢了，简直像掉出了地球表面！”杰夫·格林在社交媒体上写道。

他们开始叫自己“雷霆大学”（Thunder U），这个称呼很快得到了俄克拉荷马球迷们的认可，甚至球队工作人员也开始频繁这样称呼他们。在赛后采访的时候，主帅布鲁克斯被背后传来的嬉闹声打断，他会稍微顿一下，然后摇着头，脸上挂着纵容的微笑说：“雷霆大学。”

“雷霆大学”的崛起让 ESPN 专栏作家比尔·西蒙斯陷入了两难境地，这位著名的篮球评论员兼凯尔特人球迷刚刚出了一本 700 多页的讲述 NBA 历史的专著，他在里面充分表露了自己的看法：本内特和他的同伙们背叛了西雅图，偷走了超音速队。西蒙斯甚至拒绝称呼这支队伍为“雷霆队”，在整本书和后来的专栏文章里，他都坚持叫他们“超音速僵尸队”。然而，即便是他也得承认，自己深深被这支球队所吸引。

“我在电视上订阅 NBA 赛季全通会员已经超过十个年头了，除凯尔特人以外，我从来没有像这样关注一支球队，”西蒙斯说，“如果波士顿没有比赛的话，我从来都是随便挑着精彩的看看，但今年我发现我总是情不自禁转向‘僵尸队’的比赛现场。”

**“这是一支真正的球队，他们彼此信任，他们真正发挥了团队的作用。”**

这帮年轻人确实是大学生的年纪，杜兰特和威斯布鲁克才 21 岁，而哈登和伊巴卡只有 20 岁，年纪最大的格林也不过 23 岁。那是黄金一般流淌的青春，世界在他们脚下展开，而光荣与梦想似乎都触手可及。没有人怀疑，如同《俄克拉荷马人》记者达尼尔 · 梅贝里所写，这注定应该是一段成功故事的开头。

## 第二节
# 黑马球队

在2009–2010赛季开始之前，杜兰特在俄克拉荷马城举办了一个青少年篮球训练营，并不是很大规模的活动，但他很乐意帮助孩子们找到更多关于这项运动的乐趣。在媒体采访环节，有记者问他新赛季的目标是什么，杜兰特给出了一个有点不切实际的回答："只要没打进季后赛就是失败。"

这听起来太像是职业运动员在喊口号，绝对的"正确答案"，当然大家都想进季后赛，但实际上呢？雷霆队管理层当初预计的重建期是三年，到第四年也就是2010–2011赛季杀进季后赛；而ESPN召集旗下的记者和评论员们发表了一系列预测，在众说纷纭里，没人认为俄克拉荷马城雷霆队能闯进季后赛，即使是比尔·西蒙斯，他已经十分大胆地预测了杜兰特将夺得联盟得分王，但也认为雷霆队只能拿下42胜，将无缘季后赛。

这在当时看起来已经是莫大的进步。**从前前赛季的20胜，到前一个赛季的23胜，这一次能有42胜，看起来已经是向前踏了一大步。**

但“雷霆大学”并不愿意止步于此，赛季伊始，他们就展露出了巨大的不同。

他们开始会防守了：前一个赛季，他们场均失分达到 103.5 分，对手的运动战命中率更是高达 47.5%，这两项数据都让雷霆队的防守能力排在联盟末流。但新赛季的前两场比赛里，他们将对手的命中率控制在了 38.9%。

他们获得了两连胜，而上一个赛季，他们直到第 26 场才拥有这么多胜场。“我们变得坚韧了许多，”威斯布鲁克在雷霆队客场 91 ：83 击败底特律活塞队的比赛后说，“所有人都打出了血性，要防守，要阻止对方起势，要抢到关键篮板，而这最终帮助我们获得了胜利。”

**这句话的关键词是：所有人！**

**这时候的雷霆队是一支很妙的球队，杜兰特场均只能抢到 7.6 个篮板，但他已经是球队里的篮板王，然而按照全队总数来算，雷霆队的场均总篮板数达到 43.5 个，排在联盟第三位。**“所有人都在抢篮板，我们所有位置的球员都在做贡献，”杜兰特说，“我们的控卫是全联盟最能抢篮板的控卫！”——威斯布鲁克场均能抢到将近 5 个篮板。

不单单是篮板，威斯布鲁克在进攻端的蜕变更加明显，这个新秀赛季总被批评为“太独”的选手开始更加自如地分配球，他开始能够在恰当的时间将球传给恰当的队友，场均送出 8 次助攻就是明证。

哈登，这个被寄予厚望的新秀，尽管没有首发过一次，但很好地扮演了第六人的角色。他每场贡献 9.9 分，在防守端也十分靠谱，是进入轮换时间后能让教练放心的球员。

但这支球队中当之无愧的明星，当然还是杜兰特。经过两个赛季的历练，此时的他已经开始显露出巨星的光彩，他当选了全明星，在达拉斯牛仔队球场超过十万人的目光中，带着母校得克萨斯大学的荣

光衣锦还乡。更重要的是，他在常规赛里不断地命中关键球，强势展现了年轻领袖的风采。球迷们对他的信仰与日俱增，在赛季的最后几个主场比赛里，呐喊声从零落到齐整、从弱到强，来到福特球馆观战的 15000 名观众甚至在比赛结束后都不肯离开，他们看着杜兰特在场上接受赛后采访，所有人的声音汇集在一起："M-V-P! M-V-P!"

杜兰特将身高的优势利用得淋漓尽致，在小前锋位置上，他几乎遇不到能与之对位的球员，这让他总是能在关键时刻破局，带领球队走向胜利。杜兰特有种理所当然的自信，好像只要他愿意，就没有人能够阻止他得分，而他居然是对的——他在连续 29 场比赛里都得到了 25 分以上，创造了队史纪录，甚至还能连续 7 场得分超过 30 分。2010 年 4 月，杜兰特把标准提高到了每场 40 分以上，然后连续完成了三场。这样的表现将他的得分数据一路推高，到赛季末的时候，最终定格在场均 30.1 分，这个数字超越了詹姆斯。

**杜兰特，21 岁又 197 天，正式加冕联盟赛季得分王，他是历史上最年轻的一位。**

“杜兰特的特殊之处可能仅次于詹姆斯，不仅现在的联盟里没有这种类型的，历史上我们也没见过他这样的选手；他是一种全新的类型。”比尔 · 西蒙斯感叹道。

雷霆队的胜场早已超过《俄克拉荷马人》评论员约翰 · 罗德预测的 34 场，也超过了西蒙斯预测的 42 场，超过了所有篮球专家们在赛季开始之前的哪怕是最大胆的预测。在常规赛的最后一场，雷霆队以

114 ∶ 105 击败孟菲斯灰熊队之后，他们在整个赛季的胜利场数达到 50 场。一时间，他们成为联盟里最炙手可热的“顶流”：ESPN 派出了他们最好的团队去报道雷霆队的常规赛收官之旅。

杜兰特那宛如痴儿呓语一般的梦想竟然变成了现实，俄克拉荷马城雷霆队，尽管他们还是如此年轻，已经昂然成为一支合格的强队。下一站，季后赛，洛杉矶湖人队在等待着他们。

威斯布鲁克从小就是湖人队的球迷，他最崇拜的偶像是“魔术师”约翰逊，但站在斯台普斯球场，他却拒绝谈论关于“回家”的话题。“我才不要回家，”年轻的控卫说，“我想要赢球，多赢几场。”

他的骄傲与天真也同时显现出来，当科比担起了主要盯防他的职责，在比赛前后又不遗余力地夸奖他的潜力时，威斯布鲁克的回应却远不像人们期待中的“商业互夸”。他说：“好吧，但他的防守能力也就一般吧，这又不像是，比如说他是联盟最佳防守球员什么的，那样我可能还会打起十二分精神。”

他的表现确实让他拥有骄傲的底气，他的命中率比起常规赛来说有了大幅提升，还命中了好几个三分球。然而，尽管他们都非常努力，在客场的头两场比赛里，雷霆队还是以非常微弱的差距而落败。

然后是第三场，这是球队以雷霆队的名义出战的首场季后赛主场比赛，而这一天，正好是俄克拉荷马城建城 121 周年的纪念日。那天晚上发生的一切，给了俄克拉荷马城人一百万个庆祝的理由：首场季后赛，湖人队，大卫 · 斯特恩也来了，雷霆队主帅布鲁克斯还捧起了年度最佳教练的奖杯，当然，还有一场激动人心的篮球赛。

比赛的开头，雷霆队有些慢热，而湖人队正好相反。**福特球馆的主队仿佛准星有待校准，他们前 7 次出手偏了 6 次，反观湖人队，则是 6 投 6 中，双方分差迅速被拉开到了 3 ： 15。**但年轻的雷霆队很快找到了节奏，他们开始奋力追逐，观众为他们的表现而疯狂。

最后一节，当雷霆队 88 ： 82 领先的时候，湖人队叫了一个暂停，大家都心知肚明，比赛的关键时刻到了。暂停结束后，科比投篮不中，但杜兰特却在下一个回合里投中了一记利落的跳投！篮球名宿查尔斯 · 巴克利和克里斯 · 韦伯担当了这场比赛的评论员，当镜头切回演播室，他们已经开始拿杜兰特与詹姆斯对比；TNT 的肯尼 · 史密斯更为大胆，他干脆预测道，不出三年杜兰特就将成为 NBA 最好的球员。

**这场比赛最后雷霆队以 101 ： 96 获胜告终，杜兰特得到全场最**

**高的 29 分，威斯布鲁克 27 分，哈登 18 分。**

两天之后，双方再次踏上福特中心球馆的地板。这一次，湖人队的计划要依靠保罗 · 加索尔和安德鲁 · 拜纳姆组成的“双塔”碾压雷霆队相对孱弱的内线，但杜兰特和威斯布鲁克才是这场比赛的主角，他们分别拿下 22 分和 18 分，而对面的科比仅仅得到 12 分，拜纳姆和加索尔也都只有 13 分。

“谁能想到呢？他们是卫冕冠军，有那么多巨星，那么多天才，那么多骄傲。”雷霆队主教练布鲁克斯在赛后说。而杜兰特言简意赅地说“我们要掌控自己的命运，从现在开始，全看我们的了。”

是的，尽管他们最终以 2 ∶ 4 输掉系列赛，结束了自己的首个季后赛旅程，但没有人怀疑，接下来就看他们了，俄克拉荷马城雷霆队，就是整个联盟最值得期待的青年军团。

## 第三节 幸福烦恼

2010年的夏天，篮球世界几乎天天都被詹姆斯的“决定”霸屏，大街小巷人人在争辩着迈阿密热火队能否夺得总冠军，而雷霆军团在没有太多人注意到的角落里，悄悄地继续成长。

不需要在电视上搞什么直播，杜兰特在社交媒体上宣布了自己与雷霆队续约的决定——五年8600万美元，他将继续带领雷霆队向前奔去。另一个好消息是，杜兰特、格林和威斯布鲁克被邀请加盟美国男篮队训练营，最终，杜兰特和威斯布鲁克进入了大名单，随队出征2010年男篮世锦赛。

这一届美国队，按许多人的说法，是所谓的“B队”。没有科比、詹姆斯、韦德或者任何一个曾经打过2008年奥运会的球员，队里清一色是年轻选手或者从来没机会代表美国出战的球员，但如果你以为美国队因此而缺少统治力，那可是大错特错，因为他们有杜兰特。

尤其是从八强战开始，杜兰特开启了超人模式，33分击溃俄罗斯队，38分打倒立陶宛队，在决赛对阵东道主土耳其的比赛中，他独得 28 分，带领美国队一路登上了金牌领奖台。他以场均 22.8 分，命中率超过 50% 的卓越表现成为本届世锦赛的最有价值球员。**杜兰特才 21 岁，但他已经是一位名副其实的国际巨星。**

当时的美国总统奥巴马一向热爱篮球，他在 2010 年 8 月曾经举

办过一次众星云集的篮球盛会，邀请了当时最负盛名的 NBA 球星们，包括科比、詹姆斯、韦德、安东尼和保罗。杜兰特并不在受邀之列，但不必遗憾，因为一个月后，他就被单独请到了白宫，去跟总统打一场球。

他特地叫上了队友哈登和埃里克·梅诺。“他当时给我打电话，问我的社保号码是多少，”梅诺说，“我真是摸不着头脑，就问他要我社保号来干吗？而他的回答实在出乎我的意料——我们竟然要去白宫了！”

威斯布鲁克在世锦赛上也有场均 9 分入账，他像是杜兰特身边的一颗伴星，可能星光并没有那么璀璨，但也绝对不容忽视。在新赛季开始之前，名人堂球员凯文·麦克海尔回忆起当初在 UCLA 看到他时的印象，“威斯布鲁克简直激情四射，活力十足，我肯定他会成为一个不错的球员，”他说，“但我从来没想过他能在 NBA 里打得这么好。”

威斯布鲁克自己也没有想到，他坦白承认，他热爱篮球，却从未预料到篮球会回给他同等的爱，他以前觉得能靠篮球拿个奖学金，减轻家里的经济压力就好了，但最后，他那永不服输的勇气带他走到了这里。“威斯布鲁克是个能扭转战局的选手，”俄克拉荷马本地篮球评论员詹尼·卡尔森写道，“**他能投又能突，得分、传球和防守都不弱，更重要的是，他与杜兰特形成了绝妙的互补，他的热情对应杜兰特的冷静，他的冲劲交映杜兰特的稳定，他们是蝙蝠侠与罗宾一般的最佳组合。**”

经过 2010 年土耳其男篮世锦赛的洗礼，威斯布鲁克在新赛季的表现堪称蜕变，得分对他来说仿佛易如反掌。2010 年 11 月，他场均得分达到了 24 分，他因此得到了一次“周最佳球员”称号。他不再像之前那样容易失控，而是展示了更多的成熟，他现在已经能够非常老练地掌控场上的节奏，而他的得

molten
FIBA
USA
12
USA

分表现当然更有利于这一点——现在雷霆队阵中有两个超级得分手了，这让任何球队在防守的时候都得头疼一会儿。**截至2011年2月21日，杜兰特和威斯布鲁克的场均组合得分高达51.1分，排在联盟第二，只比迈阿密热火队的詹姆斯和韦德少0.4分。**

然而，随着威斯布鲁克的崛起，新的问题随之浮现。他的崛起势不可当，似乎并非止步于当杜兰特的伴星，而隐约有与其平起平坐的意味，这会干扰到雷霆的更衣室秩序吗？

雷霆队的飞速成长让俄克拉荷马城集体陷入了幸福的眩晕，当地报纸上开始煞有介事讨论起“雷霆这帮年轻人怎样才能不被成功冲昏头脑”这种堪称世界第一烦恼的问题。

另一个听上去像是炫耀的烦恼在于，雷霆队在之前三个赛季中得到的五个首轮秀都发展得太好了，在四年新手保护期过后，他们的薪金总额将涨到一个难以接受的数字，而这个赛季联盟规定的工资帽只不过5804万美元而已。杜兰特已经是顶薪球员，威斯布鲁克显然也

正朝着这个方向前进，哈登的进步速度挺大，伊巴卡是内线重要的支撑点……至于杰夫 · 格林，他虽然依然是队里排名前三的得分手，但不得不承认，在威斯布鲁克成长起来之后，他的作用已经大幅下降。

2011 年 2 月 24 日，雷霆队确认交易，格林、内纳德 · 科斯蒂奇和一个未来的首轮签以及现金被送去波士顿凯尔特人队，换回肯德里克 · 帕金斯和内特 · 罗宾逊。这个交易在当时被普遍视为一个不错的调整，尽管帕金斯和罗宾逊都不是那种天之骄子类型的天才，但在天才辈出的雷霆队，帕金斯带来的内线厚度和罗宾逊的经验都更被看重。在这个时代，防守和内线是夺冠的必备配置，而雷霆队已经开始向那个目标努力了。

“如果理论验证不成功，这笔交易必然遭到反噬，毕竟雷霆队送走了一个像格林这样有天赋的球员，却未能带回任何一个像他一样好的球员。”《俄克拉荷马人》的詹尼 · 卡尔森写道，“**但如果普雷斯蒂、布鲁克斯和雷霆队全体决策者的计划正确，那这个交易截止日将会铭记为雷霆队史上伟大的一日。**”

没人需要对哈登说什么。

在杰夫 · 格林被交易到波士顿之后，哈登立刻明白了，他必须变得更强、更有效率。“我们需要弥补丢失的那 15 分，所有人都必须做出提升。”哈登说，因为格林在离队之前的场均得分是 15 分，而这提升当然就从他自己开始。

在全明星赛之后的 15 场比赛里，哈登场均得到 17.7 分，这个数据在联盟所有板凳球员里仅次于达拉斯独行侠队的金牌第六人杰森·特里，而哈登的命中率则高达50.6%，在联盟得分后卫里排名第五。考虑到他在全明星赛之前的命中率只有 41.3%，得分也只有 10.3 分，这进步不可谓不大。**在杜兰特和威斯布鲁克肆意挥洒才华和星光的时刻，哈登渐渐成为联盟最好的第六人之一。**

凯文·杜兰特

拉塞尔·威斯布鲁克

詹姆斯·哈登

# 第四节
# 憾负西决

**雷霆队最终以 55 胜 27 负的战绩结束了常规赛，他们排在西北赛区头名，西部第四，首轮的对手是丹佛掘金队。**雷霆队的“双子星”立刻证明了自己不愧是 NBA 里最好的组合之一，威斯布鲁克和杜兰特在第一战中势不可挡，联手砍下 72 分，帮助球队以 107 ：101 取得胜利。杜兰特得到 41 分并有 9 个篮板入账，而威斯布鲁克拿到 31 分外加 7 次助攻，两人的得分效率都很高，命中率超过 50%。第二场比赛对于雷霆队来说更加轻松，尽管“双子星”并没有再次上演得分表演，杜兰特拿下 23 分，威斯布鲁克为 21 分，但雷霆队整体的进攻表现相当出色，五名球员上双，他们在主场取得了大比分 2 ：0 的领先。

在这样顺风顺水的时刻，有些细节往往会被忽略，事后才会悄悄浮出水面。尽管杜兰特显然仍是队中最好的球员，但威斯布鲁克两场的出手次数都是全队最高。

伊巴卡成为第三场的英雄，这位 21 岁的“内线幼兽”突然爆发，拿下 22 分 16 个篮板 4 次盖帽，最终守护着雷霆队以 3 分的优势赢下

比赛。“塞尔吉保护了我们的篮筐，”雷霆队主帅布鲁克斯在赛后评价道，**“他在不断进化。他是个非常有侵略性的选手，他的中距离投篮可能是我们队里最好的一个，他能抢篮板，可以在防守端做出贡献，最重要的是，他每天都带着巨大的求胜心。”**

在平庸的第四场之后，威斯布鲁克在第五场表现得十分挣扎，他15次出手只有3次命中，仅仅得到14分。哈登的打铁频率与他不相上下，7投2中，靠着罚球才拿到12分。伊巴卡的表现更加要命，他全场比赛只得到1分。然而，杜兰特却爆发了。

杜兰特一个人扛起雷霆队的进攻，他在掘金队的三秒区附近予取予求，投篮，造犯规，一整场比赛下来独得41分。在队友们状态失常的时候，他用一场单人秀告诉大家：**行了，就停止在这里吧，是时候进入下一个阶段了。**当倒数计时归零，雷霆队以3分优势再次击败掘金队，杜兰特的强势表现抹去了所谓队内排序的问题。在这个时刻，他是俄克拉荷马城雷霆队中最好的球员，没有之一。

第二轮的对手是孟菲斯灰熊队，他们刚刚在首轮中意外淘汰了西部头号种子圣安东尼奥马刺队，上演了一出“黑 8”传奇。尽管雷霆队显然在进攻天赋上高出一筹，但灰熊队作为一支防守为主的球队，实力也是不容小觑。杜兰特和威斯布鲁克很强，但对面的扎克 · 兰多夫和马克 · 加索尔统治了内线，双方注定要有一番激烈的搏斗。

系列赛前六场，双方交替赢球，雷霆队有过第四节领先 13 分还被灰熊队翻盘的悲剧，也曾在三加时里激战获胜。**在这个系列赛里，坚韧、大心脏、永不放弃等描述成为雷霆队的关键词，当他们最终在抢七战中以 105 ：90 获胜并晋级西部决赛后，毫无疑问，这是一支非常不服输的球队。**

杜兰特在这个季后赛里场均得到 26.4 分 9.1 个篮板，但他在赛后并没有居功自傲。“我的队友给了我很大的支持，”杜兰特说，“是大家共同的努力把球队带到了成功的位置。”**看看数据，他的所言非虚，威斯布鲁克 24 分，哈登 13.9 分，伊巴卡 9.1 分。**

从某种意义来说，雷霆队已经成为一个理想的上升期球队模板：他们每一年都在进步，每个球员都在成长。如灰熊队后卫托尼 · 阿伦在赛后所言：“我们需要把这一次的失利当成垫脚石，从此继续前进。看看雷霆队吧，他们去年输给了最终的冠军球队（湖人队），今年就打进了西部决赛，我们需要以他们为榜样。”

杜兰特和威斯布鲁克这时候都还只有 22 岁，但他们已经出色到能够带领球队打进西部决赛，这样年轻的领袖，这样出色的成绩，在整个 NBA 历史上都罕见。而他们的对手，则是一支与雷霆队截然相反的球队，由老将德克 · 诺维茨基、杰森 · 特里和杰森 · 基德带队的达拉斯独行侠队，在 2006 年那一次惨痛的总决赛失利之后，终于再次燃起了争冠的希望。在这个迈阿密热火队成为全民公敌的赛季里，

没有谁的动力比曾被热火队夺去冠军梦想的达拉斯独行侠队更加充足，他们带着十足的复仇者心态，在整个季后赛里都表现得如有神助。

对雷霆队来说，这是一个比之前两轮都困难许多的挑战。

系列赛一开始，诺维茨基立刻燃起斗志。这个大个子德国人仿佛无可阻挡，无论雷霆队用谁来防守他，似乎都不会有任何改变，反而不断被他制造犯规。**最终诺维茨基 15 投 12 中，命中率高达八成，更创造了 24 次罚球机会，并且全部命中。他一个人得到 48 分，帮助独行侠队以 121 ： 112 战胜了雷霆队**。

首场比赛基本上就是整个系列赛的写照。尽管杜兰特首场得到了 40 分，哈登第二场在替补席上爆发出手 9 次拿到 23 分，威斯布鲁克在第三场和第五场也拿到了 30 分以上，但雷霆队始终没有找到办法限制诺维茨基。除了第二场的胜利之外，他们再也没有能力抵挡达拉斯独行侠队，只能眼睁睁看着对方闯进总决赛。

但是没有关系，对于年轻的雷霆队来说，走到这里已经超出预期。不同于上个赛季宛如黑马一般的状态，在这次季后赛结束之后，人们已经认真把他们当成一支强队，甚至开始讨论他们在几年内夺冠的概率。

更美妙的是，他们还十分年轻，他们的 15 人轮换阵容里，其中 10 人的年纪不超过 24 岁。普雷斯蒂承认，他也不知道这支球队的最大潜力会达到何等程度，但媒体已经迫不及待要为他们写下预言。他们依然称呼自己为“雷霆大学”，但更多的人开始讨论“蓄势待发的新王朝”（Dynasty-in-the-making），大家这样称呼他们，仿佛是一个必胜的赌局，又仿佛朝霞已经漫天，旭日即将跃出海面。

**“蓄势待发的**

# 新王朝”

WESTBROOK
0
THUNDER
OKC

第三章

# 咫尺天涯 后会无期

## 第一节 缩水赛季

2011–2012 赛季的第一场常规赛，来得比以往更晚了一些。

劳资谈判，这场千万富翁与亿万富翁之间的斗争，让 NBA 停摆了 149 天，造成经济损失近 20 亿美元。旷日持久的双输拉锯战，让大家看在钱的份上，终于带着冷静找回了务实感。

2011 年 11 月 26 日，球员工会前执行董事比利 · 亨特和 NBA 联盟主席大卫 · 斯特恩共同出席新闻发布会，宣布双方就新版劳资协议达成了初步一致。**新赛季将于圣诞节开始，比赛场次由原来的 82 场压缩为 66 场。**

与 NBA 相关的业者，上至球队服务人员、体育记者，下至球衣玩偶商铺的小老板、周边餐厅酒吧的服务生，都为此松了一口气。毕竟这无声的硝烟，影响的是自己的饭碗。

亲临俄克拉荷马城、为雷霆队开启 2011–2012 赛季征程的斯特恩，并没有粉饰新版劳资协定中“加强版惩罚性奢侈税”生效后，雷霆队将面临的严峻现状：

“大家一直在对迈阿密说，将来不管谈及三巨头的哪一个，你都将做出很大的抉择。而此时他们也会对你们说同样的事情，这是一件好事，这正好说明了你们已经成功了，你们已经很有竞争力了！”

不管是近在眼前的挑战，还是上赛季西部决赛折戟沉沙的遗憾，都足以让雷霆队众将斗志昂扬，休赛期所有关于雷霆队球员的新闻都离不开“刻苦训练”的关键词。这样进取的球队文化，让在“铁血”凯尔特人队历练过的帕金斯也感叹，雷霆队现在的气氛简直像个冠军球队。

2011 年 8 月，威斯布鲁克和雷霆队沟通了续约意向，双方谈判进展顺利，这也让雷霆队确定了围绕杜兰特和威斯布鲁克建队的方略。拍摄新赛季定妆照时，两位球队头牌把彼此间的默契清晰地写在了脸上和言谈中，他们向外界传递的坚定信号是：俩人之间百分之百的互相信任。

这个赛季，杜兰特继续压缩了切入内线得分的频率，外线出手更加考虑球权的均衡与投篮效率。为了拉开空间，他在驾轻就熟的中距离之外，还开发出了三分射程；而且把空切摆脱、转移和行进间运球结合了起来，完成了个人技术风格的第一次重大转变。

威斯布鲁克也在被布鲁克斯教练进行着悄然的改造，不再强求他一定要以多样化的手段组织梳理球队，而是不断打磨几个熟悉的内外挡拆切套路。这一微调，让他收获到了自己生涯最高的投篮命中率（45.7%）。

更加让人惊艳的是“超级第六人”哈登的表现：在他所出战的62场常规赛比赛中，虽然60场都是替补，但58场得分上双，场均贡献16.8分3.7次助攻，得分领先联盟所有替补球员。**与太阳队的比赛中哈登更是狂揽40分，创造了雷霆队生涯的最高得分纪录。**

赛季之初，ESPN五大记者进行球队预测时曾表示：对于雷霆队来说，线性成长的杜兰特让人非常安心，但威斯布鲁克的投篮选择和组织视野、哈登的进攻火力支援究竟能成长到何种高度，才是决定雷霆队上限的关键。现在，他们所观望的另外两块版图，都在加速稳固。

在所有的阳光灿烂中，一片小小的乌云也飘然而至。

2012年1月9日，对阵火箭队比赛的第四节还剩7分47秒，雷霆队的替补控卫埃里克·梅诺在一次拼抢中不慎扭伤右膝，随后痛苦倒地，双手抱膝，躺了两分钟无法动弹。他随即被队友抬出场外，再也没能回来。

如同自己心爱的豪华跑车赢下一场飙车却损坏了制动器，拿下比赛接受采访时的主教练布鲁克斯面色沉郁地说：“梅诺的稳定性和传球能力对我们来说非常关键，尤其是在比赛胶着时。我不知道梅诺具体的伤情，只希望他能尽快回来，他对我们太重要了。”

很快，官方发布了让人心凉的诊断结果：梅诺右膝前十字韧带断裂，赛季报销。虽然梅诺的数据并不显山露水，但他是队内发挥最稳定的外线球员，每当威斯布鲁克头脑发热时，布鲁克斯总会换他上场稳定局面。

可现在，这样的一支“镇静剂”没有了。

雷霆队最终在常规赛中取得了 47 胜 19 负的战绩。若不是他们在最后 14 场比赛里输了 7 场，拱手送出了常规赛西部第一，这个赛季的杜兰特一定能在 MVP 争夺战中与热火队的詹姆斯缠斗到最后一刻。

**“如果说我从没想过 MVP，那我肯定在撒谎。”**杜兰特承认道，“自长大以来，我没有想过自己能进入 NBA，更不用说能在如此棒的球队里当主力球员，现在我的感觉很好。我很感恩我能在这支球队，如果我能当选 MVP 的话，伙计，那当然对我意义重大啊！”

虽然与 MVP 失之交臂，但杜兰特蝉联了自己的第三座得分王奖杯；威斯布鲁克则第一次入围全明星，二人还分别入选了最佳阵容的一阵和二阵；哈登当选最佳第六人，伊巴卡成为联盟盖帽王、入选最佳防守阵容一阵。

**史上最好的雷霆队，波澜不惊地完成了常规赛的挑战，以最为朝气和光辉的模样，迎来了自己新一季的季后赛之旅。**

## 第二节
# 西部称雄

在撕开漫漫常规赛中诸强的封阻防线后，雷霆队杀入季后赛的身份是西部二号种子。

乔丹退役以来，诞生了 13 个西部冠军：**其中马刺队 4 次，湖人队 7 次，独行侠队 2 次**。摊开雷霆队的晋级路线图，会发现接下来的对手除了卫冕冠军独行侠队，依次对阵的很可能就是 2010 赛季的总冠军湖人队和本赛季西部第一的马刺队。

既然注定超越历史才能创造历史，那就先从翻过西部的三座大山开始吧！

雷霆队，大概率是独行侠队为自己主动选择的首轮对手。

常规赛的最后时刻，当独行侠队在湖人队、雷霆队之间斟酌时，最终把晋级的赌注压在了拿下“雷霆青年军”上。

在夏天失去了实力中锋泰森 · 钱德勒后，独行侠队希望能凭借经验找到些许获胜的机会。毕竟在常规赛中，雷霆队的传球成功率和场均助攻次数都在联盟垫底，场均失误却高居联盟第一。

首回合交战，双方准备得都相当充分，独行侠队依靠经验和整体实力，雷霆队则力拼天赋与体力。你来我往的高手过招，贡献了近年来季后赛少见的一场经典对决，最终还剩 1.5 秒时依靠杜兰特的跳投绝杀，**雷霆队以 99 ： 98 险胜独行侠队**。

第二场再战，独行侠队整场坚持用半死不活的节奏拖延雷霆队，始终保持 5 分左右的优势。但这次让独行侠队头疼的“X 因素”变成了伊巴卡，他全场拿下 22 分 6 个篮板 5 次盖帽，稳定地为雷霆队续命。关键时刻哈登利用罚球砍下 4 分，特里则压哨三分不中，**最终独行侠队以 99 ： 102 再次惜败**。

第三场比赛是一场一边倒的大胜，在“杜威二少”合砍 51 分的带领下，客场作战的雷霆队收获了一场大胜，他们以 95 ： 79 的比分将独行侠队逼到了悬崖边上。

作为上届冠军遭遇三连败，让诺维茨基发誓要在第四战中赢回一些尊严。他此战出场 40 分钟，面对伊巴卡的防守拼尽全力，拿下创系列赛新高的 34 分、5 个篮板。但当第四节雷霆队落后 13 分时，“哈

登秀”开始上演。所有雷霆队球员，包括杜兰特和威斯特布鲁克，都在为他拉开空间，利用直扑内线的错位单打，哈登一节拿到 15 分，带领**雷霆队以 103 ： 97 逆转了独行侠队**。

“哈登的个人突破打败了我们。”独行侠队主帅卡莱尔说，“我们动用了五六种手段去防他，可他的表现比我们更出色。”诺维茨基也感慨说：“在这个联赛如果你想成为一支精英之旅，那你必须在任何时候都得有两到三人进攻得分。我认为，雷霆队手中的武器要比我们多。”

社交媒体上，哈登几乎成了所有人热议的话题。ESPN 专栏作家比尔 · 西蒙斯更是不吝溢美之词：“看着现在这支雷霆队，就让我想到 1991 年的公牛队，当哈登主导一切的时候，所有人都石化了。”

达拉斯美航中心球馆见证了这样一个夜晚：一群同样穿着蓝白色球衣的雷霆队球迷蜂拥而入，占领了这里。他们从沉默到发出自己的声音，再到抢走这片地盘，只用了不到一场比赛的时间。ESPN 专栏作家罗伊斯 · 韦伯调侃道：“2011 年，独行侠队是全联盟最后一个结束战斗的（胜利赢得总冠军）；而 2012 年，独行侠队是第一个结束战斗的（失败被淘汰出局）。”于是，在这座球馆里，一股蓝白色的坚强

的力量也在被另一股蓝白色的势力取代。

**这，就是时代的洪流。**

雷霆队与湖人队的上次相遇还是 2009–2010 年季后赛的首轮，当时的“雷霆三少”尽显稚嫩，杜兰特深陷慈世平的防守铁桶阵，巅峰期的科比进攻火力更是不可阻挡，几番过招后，**雷霆队以 2 ： 4 被淘汰出局**。

但现在的雷霆队与湖人队都已不是当年的自己。在西部季后赛首轮系列赛中，湖人队与掘金队打满 7 场才涉险闯关、疲态尽显；而“雷霆青年军”则是 4 ： 0 轻取卫冕冠军独行侠队，以逸待劳。

“BEAT L.A. ! ”的口号，对于亲历了“紫金军团”巅峰期的大多数 NBA 球队来说近乎幻想，但年轻的雷霆队却说到做到。不过，人们大概也没想到，拥有科比的湖人队，竟然会这么快就以 1 ： 4 的大比分败下阵来。

虽然科比本轮系列赛场均依然能够砍下 31.2 分，并在后三场比赛中用 36 分、38 分和 42 分这样的连续高分证明自己仍有一战之力，但对比冉冉升起的“雷霆三少”时，他明显感受到了什么是英雄迟暮。

尤其在“关键时刻”，科比以往最擅长的领域，今年的杜兰特彻底压倒了科比。系列赛第二场和第四场，在双方难分高下时，杜兰特挺身而出，分别用抛投和三分上演了准绝杀。

面对雷霆队的强势，拼尽全力才赢下一场的湖人队，在第五场比赛中重回俄克拉荷马城。科比明显意识到，这将是“紫金王朝”最后的绝唱。他在本场比赛中极为反常地送出了 5 次暴扣，全场 33 投 18 中，狂攻 42 分，却没有 1 次助攻；相比之下，16 岁在 UCLA 认识了科比并将他视为偶像的威斯布鲁克选择的致敬方式则很是热辣：突破暴扣、跨越晋级。**本场比赛中，他与杜兰特、哈登合力拿到 70 分，以 106 ： 90 的比分一举击溃对手，昂首挺进西部决赛。**

此役雷霆队主场 1.8 万个座位座无虚席，还有 6.7 万多名球迷聚集在室外大屏幕下观看了这历史性的一刻，而守在电视机前的人，更不知有多少。他们的心中所想，和威斯布鲁克赛后所说不谋而合：“我们回到了去年的位置，现在希望球队能更进一步。”

这个赛季的马刺队是一支什么样的队伍？

马刺队的赛季开局相当平淡，12 胜 9 负的战绩只能排在西区中游。但在剩余的 55 场常规赛中输掉 7 场，最终以 50 胜 16 负的战绩与东部的芝加哥公牛队并列联盟第一。

马刺队连续第 15 次杀入季后赛，连续第 13 年获得 50 胜，马刺队主教练波波维奇当选为年度最佳教练。

马刺队底蕴深厚，系统严密，拥有高超的篮球智商和超强的战术贯彻能力，堪称“最合理”的 NBA 球队。

面对这样的马刺队，年轻的雷霆队还没回过神来，就已经遭遇了两连败。

马刺队打出的梦幻开局，让其他观战的 NBA 球员在社交媒体不吝送出溢美之词。“马刺队简直是在玩雷霆队。”太阳队球员贾里德 · 达德利在观看比赛时发出感慨。活塞队内线核心格雷格 · 门罗更是声称：“这已经是一支球队能够打出来的最完美的比赛了！”

这样的赞叹并非廉价的商业吹捧，历史上拥有这样系列赛开局的队伍，只有 6% 被逆转的概率。

**而雷霆队会是那幸运的 6% 吗？**

我们来看看，连扳四场的奇迹是如何发生的：

回到主场的首战，雷霆队从防守做起打出了整体篮球，利用年轻和身高的优势不断给马刺队施加压力，哈登作为“板凳匪徒”初露锋芒，全场比赛拿下了 15 分，帮助雷霆队在主场以 102 ∶ 82 大胜马刺队。

俄克拉荷马城的第二战，伊巴卡犹如天神下凡，11 投 11 中拿下了 26 分，雷霆队以 109 ∶ 103 战胜马刺队，扳平大比分。

天王山之战，马刺队主教练波波维奇走了一步险棋，将吉诺比利提到首发，虽然“阿根廷妖刀”爆发一举拿下了 34 分 7 次助攻，但是面对联手砍下 70 分的“雷霆三少”，主场作战的马刺队逆转未遂，最终以 103 ∶ 108 输掉比赛。

最后一战，回到了俄克拉荷马城。

吉诺比利和邓肯开场后的果决投篮，让雷霆队球迷感受到他们的争胜之心。在体能充沛的上半场，马刺队的确在攻防两端控制着整个球场，首节比赛，他们就确立了 18 分的领先优势。

但中场休息让马刺队球员的手感慢慢凉了下来，命中率从上半场的 56% 一路降至 30%。当马刺队无法把球投进时，雷霆队的机会就来了。第三节开始，雷霆队用一波如潮的攻击迅速抹平了分差。“尽管开局我们落后 18 分，可我从来没想过再和马刺队打下一场。”杜兰特赛后回忆落后时的心理活动时说。

最终，上半场得到 63 分的马刺队，下半场只有 36 分进账，雷霆队以 107 ： 99 击败马刺队，强行逆转晋级！因为临近终场的领先优势太过明显，当比赛还剩 14.6 秒结束时，杜兰特已经利用队友罚球的机会来到场边和母亲庆祝，他迫不及待地要迎接属于自己的首个总决赛了。

**战胜马刺队，对于雷霆队而言，更像是一种权力的承接。生于 1988 年的杜兰特和威斯布鲁克、1989 年出生的哈登，正式向他们的第一个总冠军发起了冲击。**

# 第三节 火噬雷霆

雷霆队上一次进入总决赛，还要追溯到 1995–1996 赛季肖恩·坎普和加里·佩顿带队的西雅图超音速队时期。

现在，他们拥有愈发成熟的杜兰特，一个中锋身高、前锋速度、控卫技巧的 360 度无死角投篮机器；在他身旁的哈登和威斯布鲁克，一冷一热，是两个最好的帮手；更衣室里，他们还有见过无数大风大浪的“老鱼”费舍尔。

在亲历了“湖人王朝”的费舍尔看来，雷霆队已经具备了在商业上取得巨大成功的潜质：“我们的球队是围绕球星来打的，当你拥有了杜兰特、威斯布鲁克、哈登这样的球星，肯定会吸引很多人的眼光。”

这样的阵容，当然也有足以相配的对手在等待。**他们就是南海岸的迈阿密热火队，队内有正处当打之年的 2003 年黄金一代的“三巨头”：勒布朗·詹姆斯、德韦恩·韦德和克里斯·波什。**

LOUD CITY
THUNDER • EXIT NOW
THUNDER
35
MIAMI
13
MIAMI
40
MIAMI
6
MIAMI
1
Hertz
2:44
20

两队头号球星詹姆斯和杜兰特的相遇，是1997年乔丹跟马龙之后，总决赛第一次迎来常规赛MVP与得分王之间的直接对决。两人都天赋异禀、少年成名，场上他们同样司职小前锋；场下他们还是好友、训练中的好伙伴。

在展望即将而来的比赛时，韦德说："我想这（詹姆斯对上杜兰特）将是一次伟大的对决，他们将竭尽所能去阻止对方，对他们而言这很困难，但不得不这么做。"

可系列赛毕竟不只是两个人之间的战争。"每个人都在谈论我跟詹姆斯的对决，不过，这是雷霆队对热火队，两支球队间的碰撞。"杜兰特清醒地指出，"一对一的对决是不会赢得这个系列赛的，我们需要团队的作战，这才是决定比赛胜负的关键。"

**双方初次交手是一场试探。**这场比赛杜兰特火力全开，第四节独得17分，率领雷霆队以105 ∶ 94击败热火队抢得先机。虽然首战告负，但热火队敏锐地发现年轻的雷霆队有一项致命的缺陷：他们的进攻空间性极差，除了杜兰特以外，他们其余队员的三分球9投仅有1中，那唯一的一球来自哈登。

接下来的比赛，热火队针对雷霆队的弱点进行了重点打击，连扳四场让雷霆队的青春风暴戛然而止。

整个系列赛期间，他们竭尽所能切断杜兰特和队友的连接，就算他**以54.8%投篮命中率和39.4%的三分命中率砍下场均30.6分**又如何？既然谁防守、如何防守杜兰特都会失分，那就放他投篮，把分都漏在这一点。

对于威斯布鲁克，引诱他陷入单打独斗的陷阱，阻止他用成功率更高的突破切入内线，逼迫他在耐心耗尽的情况下选择干拔甚至随意投射三分球。整个五场比赛，他的三分球命中率只有13.6%。现在的

雷霆队主教练布鲁克斯，手里没有了那支“梅诺”牌镇静剂，即便费舍尔经验老辣，终究体力不济，与队友的配合也稍显生疏。雷霆队持球人难以有效梳理进攻之后，“雷霆战车”就瘫痪了一半。

至于哈登，被布鲁克斯调去单防像坦克一般的巅峰詹姆斯，这简直正中热火队下怀。他在身高、力量上遭遇詹姆斯的全方位碾压。单防不灵，队友忌惮露出空位又不敢贸然协防。艰苦的对位，大幅透支

了哈登在进攻端的体力。**这轮系列赛，他的得分大幅下降至 12.4 分，投篮命中率仅有 37.5%。**

2012 年 6 月 22 日，迈阿密美航中心球馆的最后一战，雷霆队球员们被捏住命门的对手打击到身心俱疲。他们在第四节时落后 22 分，却还要被逼直视热火队猛下神奇的“三分雨”。他们依然没有放弃，依然满场飞奔，试图追回那不可能追回的分差。

比赛的最后时刻，杜兰特、威斯布鲁克和哈登站在场边，眼睁睁地看着计时器嘀嗒、嘀嗒地走向终点。一起走向终点的，还有他们的这个赛季。

这一刻，三个人就这样一如往常地站在场边，为那些难得上场的板凳队员们加油鼓劲。此时的他们，被巨大的失望情绪笼罩着，但却依然能站在这里为队友加油。这既令人难以置信，又这般合情合理。

“**你们都是好样的，是我不够努力。我们还有很长的路要走，但没什么能让你们垂头丧气，昂起头，一如既往地努力下去，在这个夏天让自己强大起来，我们要像家人一样并肩作战。最后一**

**件事，比赛结束后，向对手致以冠军的祝贺。**”赛后，布鲁克斯教练在场边向自己的队员说出了这段足以入选 NBA 语录库的 50 秒讲话。

一切的官方环节结束，杜兰特带着巨大的眷恋摸了摸总决赛地板的标识后，走进了球员通道。他向所遇到的所有工作人员拥抱致谢，直到最后投入妈妈张开的双臂中。这位母亲，在胜利时一直守候，如今失败降临，她也不曾离开。这支球队总喜欢说他们是一家人，那是因为，他们确实如此。

## 第四节

# 超六远行

输掉总决赛的雷霆队，还是过于稚嫩和年轻。他们尚不足以在七场的系列赛中，战胜如日中天却又破釜沉舟的热火队。不过即使这次挑战失败，雷霆队还是被所有人认为会成就下一个王朝，只要他们能保持住核心阵容。他们在接下来的休赛季要留下的是伊巴卡和哈登。

此时，雷霆队薪水簿的开支大项是：**2011 年以五年 8600 万美元续约的杜兰特、四年 3480 万美元签下的帕金斯，以及 2012 年 1 月以五年 8000 万美元续约的威斯布鲁克**。在工资帽不过 6000 万美元的情况下，同时留下伊巴卡和哈登，会让雷霆队的总薪酬飙涨到超过 8000 万美元，再加上新的奢侈税规定，工资表可能会达到接近 1 亿美元的天价。

如果他们是洛杉矶或者是纽约的球队，可能完全不会面临这么“甜蜜”的苦恼，但雷霆队所在的是 NBA 最小的球市之一的俄克拉荷马城。

2012 年 8 月，伊巴卡的合同以四年 4800 万美元率先谈妥，接下

来的是如何留下哈登。

整个联盟都知道，哈登和他的团队想要的是顶薪。对于他来说，留在雷霆队就是想争取一份与自己的实力相配的薪酬和更重要的角色。无论休斯敦、菲尼克斯还是达拉斯，都有球队愿意给出这样的价码，为什么自己的母队不可以呢？

谈判开始后，双方陷入僵局，哈登的经纪人罗伯 · 佩林卡拒绝了雷霆队给出的 5200 万美元的报价，向雷霆队表示自己的心理价位是 6000 万美元。这个价格并非顶薪，只是希望可以排到全队的第三。

双方的价位亮明以后，雷霆队总经理普雷斯蒂明白：如果他不希望看到哈登在下个赛季结束后白白离开，那么现在送走哈登就已经进入了倒计时。

普雷斯蒂最初想要换来的是在新秀合同的高顺位得分后卫，他主动出击问价勇士队的克莱 · 汤普森和奇才队的布拉德利 · 比尔，但两个交易意向都遭到了对方的拒绝。退而求其次，他想到了过去几个月一直对哈登紧追不舍的火箭队。如果再次提价后，哈登不接受雷霆队的终极报价，那么雷霆队必须带着与火箭队谈好的框架来个“闪电”交易。

双方一番讨价还价之后，火箭队给出了极为丰厚的交换条件：将送出“歪把子神射”凯文·马丁、2012 年的乐透秀杰里米·兰姆以及三个选秀权（两个首轮、一个次轮）。

带着这份笃定的方案，普雷斯蒂和哈登经纪人摊牌，最后的出价是四年 5400 万美元，不再谈判，限时一小时要求哈登和他的经纪团队做出决定。

当普雷斯蒂打电话通知哈登球队将其送去德克萨斯的那一天，哈登哭了。虽然他异常渴望得到一份证明自己能力的合同，但他的第一选择还是留在雷霆队。他原本以为雷霆队会答应，毕竟差得并不多。

雅虎体育的资深记者沃亚罗夫斯基曾透露：威斯布鲁克和帕金斯等雷霆队球员在交易发生前实际上已经获知哈登会被交易。所以，在交易发生后，雷霆队内部比较淡定，他们很早就学会了一点：相信普雷斯蒂和其助理韦弗的判断。

相比球队核心杜兰特只是在社交媒体上发出了“哇哦”的感叹；反而是詹姆斯等其他球队球员，在交易发生时都不敢相信是真的，纷纷表示“交易太快了”。

**但，这就是 NBA。**

就这样，“雷霆三少”的组合如流星划过天际一般，迅速出现又匆匆匿迹。若干年后，当人们怀念他们的时候，通常会加上 N 多个“如果”的假设。用功败垂成或是不圆满来定义 2011–2012 赛季的这支雷霆队，是如此的苍白和片面。他们身上所拥有的朝气、天赋、轻狂

与无畏的混合，是一支年轻球队带给篮球世界最好的礼物。那是最后一支拥有“雷霆三少”合体的俄克拉荷马雷霆队，那是一支最好的俄克拉荷马雷霆队。

THUNDER
SPALDING

# 第四章

# 双少擎雷 休城独舞

## 第一节
# 卷土重来

2012–2013 赛季，雷霆队并未因哈登的交易产生过大的影响，杜兰特和威斯布鲁克的“王炸组合”正式步入巅峰，杜兰特打出了雷霆队时期最高的真实命中率，成为“**180 俱乐部**”（即投篮、三分和罚球命中率达到 50%、40%、90%）最年轻的成员。

处于生涯下坡路的马丁努力散发着力所能及的光亮，伊巴卡逐步扩充着投篮距离，替补控卫雷吉 · 杰克逊初现峥嵘。这一年，雷霆队的进攻效率联盟第一、防守效率联盟第四，进攻端更加有序，60 胜的战绩排名西部第一，与东部 66 胜的巅峰热火队遥相呼应。他们雄心壮志地打算卷土重来，而他们的季后赛对手正是哈登转去的火箭队。

雷霆队与火箭队，西部第一与第八之间的差距肉眼可见，雷霆队很快拿下了第一场比赛。但 2013 年 4 月 27 日，雷霆队第二场对阵火箭队的比赛出现了一个巨大的历史性事件——**贝弗利把威斯布鲁克撞伤了！**

威斯布鲁克的早早伤退，令整支雷霆队蒙上一层寒冷刺骨的冰霜。虽然替补雷吉 · 杰克逊被委以首发后调整心态，打出了与新秀不符的勇敢与成熟。但胜负的驱动依然掌握在雷霆队的领袖杜兰特手中。在他的努力下，虽然三连胜的雷霆队被哈登领衔的火箭队连追两场，但最终还是以 4 ∶ 2 战胜火箭队，晋级西部半决赛，将迎战灰熊队。

与灰熊队的系列赛，搏斗、碰撞、撕咬充斥了所有回合，在视线可见的搏命防守中，双方为胜利付出了所有力气。没有了威斯布鲁克的火力支援，杜兰特不得不带着三个场均 14 分的帮手硬闯孟菲斯灰熊队的铁桶阵，当托尼 · 阿伦识破杜兰特的下盘弱点的特点，开始招呼队友无限夹击杜兰特，这轮“矛与盾”的巅峰对决也就变成了 1 ∶ 4 的结果。

第五场比赛的最后时刻，20 投 5 中的杜兰特错失扳平比分的关键球。比赛结束后，在依然响彻主场的“O-K-C”口号声中，杜兰特和队友们挥手告别球迷，离开球场。“他视野良好，这就是我们想要的出手。”布鲁克斯教练赛后评价爱徒表现时说。

威斯布鲁克的膝伤绵延了整个 2013–2014 赛季，但当季的杜兰特大发神威，在威斯布鲁克缺席常规赛半个赛季的情况下，带领雷霆队拿到了 56 胜、西部第二的战绩。孤军带队的杜兰特，完成了一个最成功的常规赛赛季。**他不但以场均 32 分的成绩第四次夺得了“得分王”的称号，还战胜了最大竞争对手詹姆斯，第一次获得了常规赛 MVP 的桂冠。**

整装待发的季后赛第一轮，他们遇上了上个赛季西部半决赛的老对手灰熊队，经过艰苦卓绝的苦战，雷霆队以 4 ： 3 的总比分惊险晋级。在西部半决赛，雷霆队和洛杉矶快船队鏖战 6 场，以 4 ： 2 的比分战胜对手，重返西部决赛，但与快船队比赛最大的代价是内线大闸伊巴卡的受伤。

缺少了伊巴卡的雷霆队，在西部决赛中对马刺队毫无还手之力，立刻被对方打了个 2 ： 0。此时的伊巴卡决定打封闭强行上场，士气为之一振的雷霆队奇迹般地扳回两场。但现在的雷霆队不是两年前的雷霆队，他们没能重现历史，最终以 2 ： 4 不敌马刺队，无缘总决赛。

同一年中，哈登所在的火箭队引入了在湖人队过得并不开心的“魔兽”霍华德，内外联袂组成“摩登组合”，在常规赛中取得了 54 胜 28 负的战绩，排名西部第四。就在不少人看好火箭队在这个赛季势必有所突破时，他们却在首轮拥有主场优势的情况下 2 ： 4 败给了波特兰开拓者队，连续第二年季后赛首轮游。

这一轮系列赛，开拓者双星——阿尔德里奇、利拉德完完全全打出了自己的价值。阿尔德里奇用出色的表现证明了他绝对不应该被低估；利拉德在第六场比赛中，在最后仅有 0.9 秒的情况下命中压哨三分，完成绝杀。反观哈登，他在投篮手感不佳时，并没有选择过多地向内线杀伤，而是继续在外线“放风筝”，这一“萎靡”表现饱受外界质疑。不过，作为领袖，哈登带队的时间也不过两年，失败的经历也促进了他的成长。

2014–2015 赛季，伤病潮席卷雷霆。杜兰特因为骨折赛季报销，威斯布鲁克因为膝伤反复也总是打打停停。

这个赛季雷霆队的球队大名单陆陆续续出现过 21 名球员。**以往**

**的雷霆队都是“杜威双少”带领着球队前进，而这个赛季“双少”多次一同缺席，雷霆队不得不打起“平民”篮球。**但雷霆队在如此窘境下，依然展现出顽强的斗志和不放弃的决心，不少角色球员打出了极其精彩的表现。

最终，雷霆队以 45 胜 37 负的战绩排在西部第 9 位，自 2000 年来首次无缘季后赛，而执教了雷霆队 7 个赛季之久的主教练布鲁克斯被解雇了。2015 年 4 月 30 日，雷霆队决定由佛罗里达大学教练比利·多诺万担任球队新任主教练。

就在杜兰特和威斯布鲁克在季后赛期间郁闷地钓鱼时，哈登领衔的火箭队却迎来了属于他们最好的赛季，不但取得了常规赛火箭队56胜26负的战绩排名西部第二，而且首轮兵不血刃地以4：1斩落独行侠队。次轮又在大比分1：3落后快船队的不利形势下，利用对手的伤病、疲劳以及本队板凳球员的出色火力支援，以4：3实现惊天逆转，时隔18年再次晋级西部决赛。虽然在西部决赛中他们以1：4不敌西部新贵金州勇士队，但后者最终获得了总冠军，让哈登与火箭队的遗憾也削减了几分。

## 第二节

# 俄城仆人

在雷霆队当地媒体若干年后的最佳赛季球队投票中，2012–2013赛季的雷霆队是他们眼中的最佳团队。他们认为虽然没有了哈登，但球队在进攻端很有机动能力，防守也相当强悍，攻防两端的表现都排名联盟前四。那支球队在完全健康的情况下，人员组合是雷霆队历史上最强的，但随着威斯布鲁克的早早折损，也让杜兰特的总冠军梦早早画上了休止符。

**憋着一口气的杜兰特在2013–2014赛季迎来了个人职业生涯的巅峰，他在那个赛季简直无所不能，场均数据是恐怖的32分、7.5个篮板、5.5次助攻，投篮命中率更是超过50%。**

在2014年1月的一场比赛中，杜兰特得到54分，创下职业生涯得分新高。而在2013年12月底到2014年1月底的连续18场比赛里，杜兰特场均36.3分，投篮命中率高达53.6%。此外，从2014年1月7日到4月6日，杜兰特连续41场比赛个人得分25+，超越了乔丹在27年前创造的连续40场得分25+的奇迹。

2014 年 2 月，在全明星周末期间，心情大好的杜兰特接受了比尔 · 西蒙斯的采访，其间谈到了自己在 NBA 世界的绰号。

关于杜兰特的绰号一直是业界热议的话题，从原来引起官司的“杜狼蛛”，到球迷网上公开征集的“骷髅死神”等，都不让杜兰特满意，“大家还是叫我 KD 吧！”他说。

这次采访中，杜兰特给自己贴上新的标签，他直言："要自己取个绰号显得很奇怪，我更喜欢这个'The Servant'（仆人）。"为何叫"仆人"？杜兰特自己解释说："我喜欢为每个人服务，不管是我的队友，还是场上的助教或者球迷。"

这样持续整个赛季的表现让杜兰特在常规赛结束后的 MVP 评选中，**获得 119 张第一名选票，以 93.2% 的支持率压倒性优势当选**，他第一次在与詹姆斯的较量中赢得了胜利。

2014 年 5 月 7 日，NBA 联盟官方宣布杜兰特正式当选常规赛最有价值球员，官方 MVP 奖杯颁奖礼上，雷霆队全员、杜兰特的亲朋好友悉数到场。

杜兰特显得有些羞涩，十秒钟的掌声让这个大个子腼腆地笑着："通常情况下，我并不是一个不善言谈的人，但我现在真的不知道该说什么了。"杜兰特用这样一段话作为自己的开场白。这句话就像一个铺垫，暗示了杜

兰特在随后20多分钟的演讲中，无数次的流泪、哽噎……

杜兰特发表了情真意切的获奖感言，其中说得最多的就是“感谢”二字。杜兰特向坐在他旁边的队友逐一表达了感谢之情。“我永远都会为队友们所取得的成功而感到高兴，我不想只有个人的成功，我想要全队都能品尝成功的美妙，”杜兰特说，“我希望队友能和我一起分享球，并且从中获益，更希望看到大家一起走向新的高度。”

他甚至还细心地将对最亲密搭档威斯布鲁克的致谢放在了最后:“我和拉塞尔之间无话不谈，我们可以整夜整夜地聊天，他是一个情感细腻的人。你为球队、为我付出了太多太多，我爱你，兄弟。总是有人对你有不公正的批评，对此我会第一个站出来反驳他们。感谢你和我一起打球，感谢你一直在我身边，你也是MVP级别的球员。”

而作为单亲抚养长大的孩子，杜兰特对母亲的多年艰苦付出的感恩和那句“**你才是真正的MVP！**”的泣告，让所有观众都为之动容。《俄

OKLAHOMA
CITY
35

克拉荷马城新闻报》记者卡尔森说，他从未见过杜兰特会这么动情，更没设想过 MVP 流泪的场面会是什么样子。不过，他也说正是在这样一个特殊的环境下，让所有人看到了杜兰特真挚的一面，尤其是对他的妈妈“那就好像在对你说，没有我的妈妈就没有杜兰特现在的一切。”卡尔森说。

没有人会怀疑，在亲人、队友和朋友的支持下，杜兰特会继续自己出色的表现。

**2014 年的季后赛，杜兰特和威斯布鲁克 25 岁，他们在雷霆队的日子说长不长，说短也不短。**然而此刻的詹姆斯已经拿了两个总冠军，关于“杜兰特和詹姆斯谁更强”的讨论甚嚣尘上，虽然杜兰特表示“我和詹姆斯、科比是同一水平的球员”，但在打完比赛之后，他还是会专门去查詹姆斯的比赛数据。虽然他在首轮复仇了灰熊队、亲手打了那些喊他“不可靠先生”的球迷的脸，虽然总决赛上马刺队浇灭了詹姆斯三连冠的梦，但人们已经开始计算：距离杜兰特合同结束还剩两年，距离他超越詹姆斯还剩几年？

在 2013–2014 赛季西部决赛输球后，杜兰特说：“看着这支队伍，你会说他们还有的是时间，是的，他们依然在年复一年地冲击总冠军。在输球后说这些很轻松，我们一起打球已经很久了，我们都希望总有一天能打到顶点，但谁知道你期待的这一刻何时到来呢？但是现在，保持乐观，继续前进。”

但他的乐观因为伤病的阻隔而暂时搁浅了。**2014–2015 赛季，杜兰特开始受到伤病的侵袭，由于右脚骨折，他在当赛季仅仅出战了 27 场比赛，并最终因为伤情反复而宣布赛季报销，这也使他连续进入联盟最佳阵容一队的纪录中断。**而在那个 55 胜只能排西部第六的疯狂赛季，雷霆队索性连季后赛都没进去。

# 第三节
# 威少大修

不同于球场上的某些情绪化选择，威斯布鲁克在生活中是一个相当认真和遵守秩序的人。

进入 NBA 后，威斯布鲁克尽管拿着很高的年薪，到了休赛期，除了各种活动以及训练，他还会参加加州大学洛杉矶分校的暑期培训班，学习历史。重回校园的他没有一丝明星派头，一次上课迟到了，老师说："站前边去。"他就低着头站了过去，之后还半开玩笑地说："我就那么站了两小时。"

这样的自律也体现在他对自己身体的保养中。**在 2013 年和火箭的季后赛被贝弗利撞伤之前，威斯布鲁克的高中、大学和 NBA 生涯都保持着罕见的全勤纪录。**

新秀赛季曾经进行的 11 项身体素质测试中，威斯布鲁克平均得分名列前茅，没有偏科项目，静态身体素质相对更加优秀。而且，即使拥有天生的才能，他还是一个后天的超级训练狂。还在加州大学洛杉矶分校读书时，便钟爱和朋友在沙滩锻炼。依靠沙丘对行动的天然

阻力，锻炼自己的爆发力。

威斯布鲁克拥有钢筋铁骨一样的身体，腿长和肩宽、肩高在同位置球员中遥遥领先，他的有效身高，接近 1.98 米，所以经常看到他在防守端客串三号位，去防对面的小前锋。他超长的小腿比例，更是让他拥有显著超出同类球员的耐久度和持久的跑跳能力。

BEVERLEY
12
OKC

“热火三巨头”时期，韦德有一次和雷霆队比赛后就感叹：“威斯布鲁克是目前联盟运动能力最好的球员。”韦德当时的队友詹姆斯的神级身体素质大家有口皆碑，能给出威斯布鲁克这样的评价，想必是相当客观而公正的。

2012–2013 赛季的常规赛，威斯布鲁克和搭档杜兰特与球队的串联达到了最佳状态，场均助攻猛涨近 2 次，达到了 7.4 次的水准。季后赛面对第一次独自带队的哈登，兵不血刃地摧毁火箭队本不在话下，但是威斯布鲁克却在这个系列赛里遇到了贝弗利——这个可能改变他、雷霆队整个命运线走势的人。

贝弗利来自芝加哥，大学期间因学习成绩问题肄业。这让他在 2008 年都没能顺利地参加联盟选秀，被迫远走乌克兰联赛。2009 年，湖人队以第二轮 42 位选中他后转手交易给了热火队，彼时热火队猛将如云，名不见经传的贝弗利匆匆打了个季前赛后被裁掉了，只好又辗转欧洲多国联赛打球谋生。直到 2013 年，休斯敦火箭队把他召回了 NBA。自此，视机会为生命的贝弗利，每一场比赛，都会全力以赴到丧心病狂的程度，乃至把对手防守到愤怒。

所以，我们目睹了这一幕：2012–2013 年火箭队与雷霆队季后赛的第二场比赛，第二节中段威斯布鲁克气定神闲带球缓步走向替补席，起手要暂停的时候，贝弗利突然斜向杀出，扑过去抢球，直接撞伤了没有防备的威斯布鲁克的膝盖。

因为疼痛太过于不同寻常，步履蹒跚的威斯布鲁克罕见地连拍了几下记分台的桌子来缓解。也许是身体对伤痛的抵御能力太强，也许是队医对长期健康的他太过放心，威斯布鲁克在这次受伤后略做检查，只是稍做休息就重返上场，不但打完了整场比赛，还能突破上篮暴扣，**最终的结果是有惊无险地以 105 ： 102 战胜了火箭队**。

但赛后的核磁共振的检查结果，让所有人都大吃一惊：威斯布鲁克右膝半月板撕裂，将立即接受修复手术！威斯布鲁克的赛季和铁人般的征战纪录结束了。

虽然防守是球员的本职工作，但让雷霆队球迷愤怒的是：对于威斯布鲁克的受伤，贝弗利毫无歉意，甚至面对网络上的死亡威胁也无动于衷。“我当时只是想去抢断，这样的动作在联盟里太平常了，很多人都会做类似的动作。熟悉我的任何人都清楚一点，那就是我从不会故意去想着伤害任何人。我的打球风格一贯是这样，速度很快，抢前场篮板非常凶，我当时只是想在对手叫暂停之前去抢下那个球。但从现在看，那个动作造成了一个很不幸的后果。”贝弗利说。

也许是想证明自己的清白，贝弗利紧接着又补充了一句：“我真的不是有意的，了解我的人都很清楚，我不是那种人（故意使坏伤害对手）。”

**无论是否有意，但客观上，贝弗利的疯狂一击造成的衍生事件几乎改变了雷霆队的未来走向。**

不仅是当赛季的他们没有越过灰熊队，倒在西部半决赛，而且仅仅在2013年，威斯布鲁克又断断续续进行了三次手术，并在接下来的两个赛季中分别缺席36场和15场比赛。

虽然2013–2014赛季

威斯布鲁克的缺席理论上也逼出了“最强杜兰特”，但缺少重要的球队发动机之后，无论是杜兰特还是伊巴卡都疲劳值猛增，分别在 2013-2014 年的季后赛和 2014-2015 赛季开赛前爆发伤病，直接影响了雷霆队两个赛季的成绩。

这时的西部和联盟诸强，已经换代升级了自己的武器库了，没有人会因为对手的伤病而停步。

**此消彼长间，雷霆队的夺冠窗口，渐渐关闭。**

雷霆队

雷霆队

# 第四节 火箭基石

2012 年 11 月 1 日，火箭队正式签约哈登，新合同为期五年价值 7850 万美元，2013 年夏天生效。

初到休斯敦，哈登骄傲地在休斯敦媒体面前举起 13 号球衣，青涩的脸颊上写满了年轻人的踌躇满志。新赛季的前两场比赛，哈登分别以 37 分和 45 分这一“MVP 级别”的数据宣告：“姚麦”之后，我是航天城的新王！

在整个赛季中，哈登从替补切换到主力首发，几乎没有面临太多的挑战，**出战 78 场，取得场均 25.9 分、4.9 个篮板、5.8 次助攻的豪华数据，场均得分比雷霆队时期提升了 9.1 分**，哈登在得分后卫位置上表现得游刃有余，超级球星的天赋锋芒毕露。

2013 年 4 月 10 日，依靠哈登最后压哨的三分球，火箭队在主场 101 ： 98 绝杀太阳队。随着直接竞争对手爵士队输给雷霆队，火箭队提前锁定一个季后赛席位，获得了 2009 年之后首次重返季后赛的成就。哈登自己也入选了 2013 全明星赛替补阵容和常规赛最佳阵容三阵。

ROCKETS
13

这是哈登对火箭队所给予顶薪的最好的回报。

但是在季后赛首轮中，哈登遇到了自己的老东家雷霆队。论实力，他们并没有和完全体的雷霆队一较高下的本钱。但威斯布鲁克被贝弗利撞伤后，雷霆队的阵容出现了缺损，火箭队也把握住机会扳回了两场。不过，和自己的老大哥杜兰特比，哈登在关键球处理上仍欠火候，喜欢单干，很多时候容易无视队友的存在，在运球和停球上做得并不好，经常被断造成了雷霆队的快攻和反击。**最终，火箭队在丰田中心举行的第六场比赛中以 94 ： 103 败给了雷霆队，以 2 ： 4 的比分结束了自己的季后赛之旅。**

哈登穿着火箭队球衣的第一个季后赛结束了，他的发挥没有常规赛那么出色。虽然场均得分比常规赛有所提高，但不到 40% 命中率却比常规赛低了不少。

不过，对于火箭队而言，哈登已经凭借自己的表现证明了自己无愧于这支火箭队的领袖，他需要的，是用更多的时间去适应。

2013 年的休赛期，火箭队迎来了足以载入史册的“摩登”组合，巅峰的“魔兽”霍华德来到了休斯敦。在媒体的宣传和球迷心中,“摩登”组合被寄予厚望，称他们可能继奥拉朱旺后再次帮休斯敦实现冠军梦。

但是，事实总是残酷的。虽然火箭队在 2013-2014 赛季以西部第四名的成绩挺进季后赛，哈登也入选了最佳阵容一阵，但这都没能保证他们能跨越季后赛首轮。这次他们的对手是波特兰开拓者队，哈登的防守、攻坚和关键球能力在这季系列赛中被广为诟病，人们记住的是利拉德绝杀后手指腕间的“利拉德时间”的经典，而不是火箭队的颓然出局。

**但生性乐观的哈登不会被这样的失败击垮自信。**

2014 年夏天，哈登和杜兰特去为《NBA2K15》做宣传，《体育画报》记者杰克逊抛给了哈登一个“带坑”的问题:“在你眼里，谁才是现役最好的球星？”

“我自己！”哈登毫不客气地回答。随后，他补充道:“库里是联

盟最好的投手，杜兰特是联盟最棒的得分手，安东尼·戴维斯是联盟最好的内线，但是，我是 NBA 最全面的那个！”

哈登这样说，很是有些年少轻狂！尽管他成功入选了当年的最佳阵容一阵，但是在那时，詹姆斯带领球队连续 4 年杀入总决赛，意气风发，杜兰特成为联盟炙手可热的 MVP，神采飞扬。这时候说自己是最好的，的确需要不小的勇气。哈登这席话和他的眼神防守被媒体拿来一同反复嘲讽！

然而，接下来的 2014–2015 赛季，哈登差点儿打了所有嘲讽者的脸。

**他在常规赛中场均砍下 27.4 分、5.7 个篮板、7 次助攻，带领火箭队取得西部第二的战绩。**季后赛首轮他们先是力克独行侠队，次轮又在 1 ∶ 3 落后洛杉矶快船队的情况下连扳三局，这个系列赛的七场比赛中，哈登场均 25.1 分，尤其在第七场得到了 31 分，带领球队实现了大翻盘，成就一时经典。

虽然这个赛季的哈登成长神速，但遗憾的是，哈登不但在常规赛

与库里的 MVP 之争中败下阵来，在西部决赛上火箭队也输给了强大的勇士队。值得安慰的是，2015 年 7 月 22 日，哈登当选由 BET 电视台和 NBA 球员工会联合举办的第一届通过球员选出的 MVP。

**这只是哈登到火箭队的第三个赛季，谁能说他的未来不会更好呢？**

2012–2015 年的三个赛季，对于杜兰特、威斯布鲁克和哈登来说有得有失，“杜威二少”在伤病的阻塞下，延缓了巅峰出现的时间，给自己和雷霆队都留下了无尽的遗憾。哈登在休斯敦实现了自由的成长，虽然他的队友在不停更换，但好在哈登的适应能力颇强，逐渐找到了作为球队核心的定位和责任，只不过在他面对最强对手的时候，总是差一点韧性的特质依旧挥之不去。三个人，两支队，在西部继续追寻着自己的冠军之路。

第五章

# 难越金州
# 各奔天涯

## 第一节
# 嫌隙初现

俄克拉荷马城雷霆队的命运始终与他们的“双子星”息息相关，在杜兰特和威斯布鲁克因伤大面积缺席比赛的2014–2015赛季，尽管其他人的表现仍有可圈可点之处，但最终仍是错失季后赛。那么，在经过一个休赛期的调整之后，雷霆队在接下来2015–2016赛季的目标当然是继续冲击总冠军。

赛季刚刚开始，杜兰特入选俄克拉荷马城的名人堂，而他指定了威斯布鲁克作为他的介绍人：“当然是他，根本不需要思考，我想和他分享这个晚上。”而威斯布鲁克在当晚的介绍演讲里也动情表示：“我见证了他的一路成长，而且我要说，他也帮助我成为一个更好的球员、一个更好的人。我因此永远爱他。”

**这时候距离他们第一次相遇，已经过去了八年。**

八年后的雷霆队，是一个“双头巨兽”，杜兰特和威斯布鲁克是绝对的核心。2015年10月30日，在一场对阵奥兰多魔术队的比赛中，他们成为历史上第二对单场得分同时超过40分的组合，而上一对做

到如此壮举的两位，是芝加哥公牛队不朽的传奇迈克尔·乔丹和斯科蒂·皮蓬。**这一次，杜兰特得到了 43 分，而威斯布鲁克砍下 48 分，帮助雷霆队通过双加时以 139 ： 136 获得胜利。**

在这个时刻，他们依然是最好的朋友，彼此竞争，但并没有妒忌，至少杜兰特是这样相信的。杜兰特的朋友常常会听到他抱怨媒体试图挑拨他和威斯布鲁克之间的关系，他半讽刺地给朋友发去短信："为什么非得讨论这是我的球队还是他的球队，有人会问勇士队到底是库里的球队还是克莱·汤普森的球队吗？"

当达拉斯老板马克 · 库班不屑地贬低威斯布鲁克的成绩，称杜兰特为“雷霆队唯一的超级巨星”时，杜兰特站出来公开反驳：“说这番话的人一定是个白痴。”他反复地以“领袖”的标准来要求自己，在媒体面前也以此自居，在某种程度上，他把威斯布鲁克视为需要自己保护的人，如同他把俄克拉荷马城视为第二家乡。

这是他的合同年，在客场比赛的时候，他总是被问到要不要考虑换个城市生活，而他的言语之间，总是将俄克拉荷马城称为“家”。

杜兰特回忆道，他和威斯布鲁克从彼此身上学到了很多，比如他在 2011 年第一次发现，威斯布鲁克从来不在球队训练后进行体能训练，而雷霆队的体能训练师告诉他，因为威斯布鲁克的体能训练安排在训练之前——更辛苦，但效果更好。“于是我决定效仿他，”杜兰特说，“我也要那样。”

于是由此演变成一场良性竞争，至少对杜兰特而言。谁会先到球馆来训练？谁会更加努力？“如果我停车的时候看见他已经到那里了，我就会快跑几步，”杜兰特摇着头说，“就算不能赶在他的前面到，那

我至少不能比他早走。”

NBA 赛季的大部分都在冬天，当他们每天早上在 8 点以前开始训练的时候，有时候天都还没亮。城市依然酣眠，球馆寂静无声，他们彼此并不会如何交谈，他们也并不需要。“我们都知道，我们想要的是同样的东西。”杜兰特最后说，“**我们都对彼此展开过脆弱的一面，也共同努力走过成长的道路，我知道，他是一个我可以依赖的人。**”

在前一年错失季后赛之后，布鲁克斯从雷霆队主帅的位置上离开，杜兰特隐秘地支持了这个决定，他跟朋友谈论起想要一个新教练，一个能够改变球队风格的教练。杜兰特举了一个例子：金州勇士队的主教练史蒂夫 · 科尔——那就是一个“改革者”。杜兰特向往着那种能够快速转移球、行云流水一般的进攻节奏，而雷霆队的新教练比利 · 多诺万，正打算这样重塑雷霆队的进攻。

在 12 月的一场比赛中，雷霆队终于找到了进攻的感觉，他们整场比赛传接球无比流畅，大家的助攻数都在往上攀升。“我感觉我们

要蜕变了，”杜兰特兴奋地说，“当我们打出这样的篮球，就没有人能打败我们，太美了。”

但他们的转变还是太慢了，或者是以往的惯性过于固执，他们依然是习惯于放慢节奏靠阵地战攻城或个人能力表演的球队，等到赛季结束的时候，尽管雷霆队以55个胜场的表现获得西部三号种子的排位，但雷霆队的场均传球次数依然排在联盟底部。而在榜首与之遥遥相对的，是杜兰特欣赏又羡慕的金州勇士队。

**2015-2016 赛季西部常规赛战绩**

| 排名 | 球队 | 胜 | 负 |
|---|---|---|---|
| 1 | 勇士队 | 73 | 9 |
| 2 | 马刺队 | 67 | 15 |
| 3 | 雷霆队 | 55 | 37 |
| 4 | 快船队 | 53 | 39 |
| 5 | 开拓者队 | 44 | 38 |
| 6 | 独行侠队 | 42 | 40 |
| 7 | 灰熊队 | 42 | 40 |
| 8 | 火箭队 | 41 | 41 |
| 9 | 爵士队 | 40 | 42 |
| 10 | 掘金队 | 33 | 49 |
| 11 | 国王队 | 33 | 49 |
| 12 | 鹈鹕队 | 30 | 52 |
| 13 | 森林狼队 | 29 | 53 |
| 14 | 太阳队 | 23 | 59 |
| 15 | 湖人队 | 17 | 65 |

# 第二节
# 流年不利

715 千米之外，休斯敦的哈登最经常看见的并不是清晨 8 点的训练馆，而是午夜时分的镁光灯。在离开俄克拉荷马城之后，他逐渐奠定了自己的巨星地位，就在上一个赛季，他带领球队打到西部决赛，输给了最终的总冠军金州勇士队。尽管在 NBA 官方的 MVP 评选中输给了斯蒂芬 · 库里，但他拿到了 BET 电视台和 NBA 球员工会评出的第一个 MVP 奖项。

哈登拿到了一份总价值高达 2 亿的球鞋赞助合同，但被狗仔、镁光灯和无穷无尽的八卦追问不断缠绕的是他的新恋情：2015 年 6 月，哈登开始与卡戴珊家族的科勒 · 卡戴珊交往。

哈登与科勒最初是在“侃爷”坎耶 · 韦斯特的

生日聚会上相遇的，当时科勒的姐姐金·卡戴珊为丈夫在斯台普斯中心举办了一场盛大的生日派对，哈登是受邀嘉宾之一。他们很快看对眼，7月，哈登和科勒在美国独立日那个周末在拉斯维加斯被拍到，行为亲密，已明显是一对爱侣。7月9日，狗仔在比弗利山庄附近拍到了哈登和科勒一起外出就餐的照片。7月10日，科勒在社交网络上发了一张照片，哈登和她坐在一起，他们在洛杉矶当地著名的自行车健身馆锻炼，此举被认为是他们正式公开恋情的一步。8月，当哈登迎来他的26岁生日，秒钟指向零点的那一刻，科勒在邮轮上给他放了一场15分钟的烟火表演。《休斯敦纪事报》的火箭队随队记者乔纳森·费根在报道里写道："在新恋情开始之后，哈登每天都大声唱着歌来训练，他脸上的笑容比以往更多了。"

但这真的是好事吗？哈登在来到休斯敦之后就一直以爱玩的形象出现在公众眼中，时常有短暂恋情，更常常被拍到在夜店出没，但因为这些场外娱乐并未影响他的场上表现，所以也从来没有引发过多的指责。直到这一次，他与科勒的新绯闻，让舆论瞬间喧闹起来。

这可是卡戴珊！球迷们纷纷在社交平台上发表意见：跟卡戴珊家族沾上关系在NBA球迷眼中并不是什么好事，有个著名的"卡戴珊魔咒"，就是说一个球员一旦跟卡戴珊姐妹中的一位谈恋爱，状态就会立刻下滑。说到底，卡戴珊家族作为美国的顶级真人秀明星，日常被无数狗仔包围，他们的私生活值得被高价贩卖，因此卡戴珊家族注定要被摆上台面，拿着"显微镜"、多机位围观。而NBA球星呢？即使也是公众人物，本质仍是靠手艺吃饭，私生活遭到过多打扰，显然会影响到场上的专注度。

无论哈登怎样坚称自己不会被这些场外的事情分心，他甚至雇用了保镖来试图隔绝外界的接近，但媒体的过度关注依然不可避免地

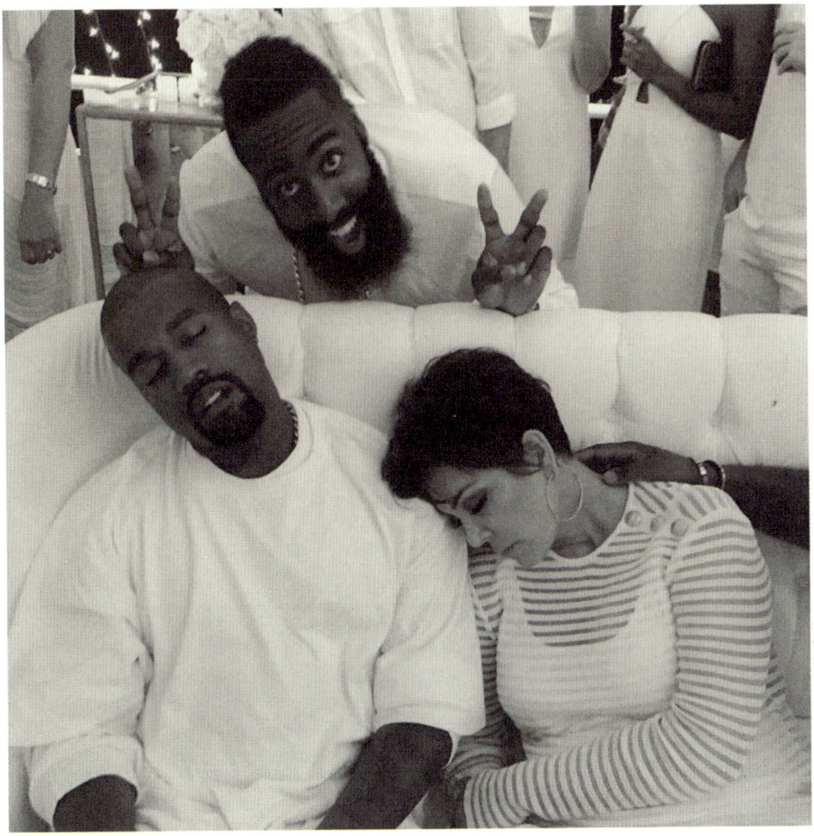

给他和整支休斯敦火箭队带来了困扰，尤其是当他们去到迈阿密这样的八卦新闻业发达的地方打客场比赛时，记者会从下飞机的那一刻将他们重重包围。从哈登开的车，到他每天穿什么吃什么，每一个表情，每一句话，都被仔细地拍照取证，作为他和科勒恋情起伏的证据。

哈登在球场上的表现不再像是去年那个被同行们评选为 MVP 的巨星，他成为火箭队的“黑洞”。在常规赛的前三场，他的表现堪称灾难，三场三分球总计 40 投 3 中，运动战命中率也是连三成都不到，火箭队连续三场以 20 分以上的巨大分差惨败。

哈登与科勒分手后，立刻带队打出四连胜，**其中包括一场 43 分、13 次助攻、6 个篮板的惊人表演**；随后他与科勒复合，场上表现再次疲软，**三分球命中率不足 30%，球队在 8 场比赛里输掉了 7 场**。在此期间，火箭队主帅凯文 · 麦克海尔因为糟糕的战绩被管理层辞退，而满怀怒火的麦克海尔夫人在社交媒体上直接开炮，将自己丈夫被解雇的原因怪在了哈登糟糕的表现以及他和科勒的关系让球队分心上。

尽管麦克海尔夫人很快删掉了自己的发泄言论，但冲击已经造成。不甘示弱的科勒后来开了个直播，大肆反击那些攻击她的火箭队球迷

和媒体。

当时火箭队的战绩又在跌宕起伏，有媒体说哈登已经再度跟科勒分手，但新年来临之时，科勒又在社交网络上发布了两人在一起的照片，证明他们还在一起……这样分分合合的肥皂剧一直演到了 2 月，两人才彻底分开。

尽管恋情不顺，球队表现也不好，但哈登的 2015–2016 赛季却并非乏善可陈。**他在 1 月对阵明尼苏达森林狼队的胜利中达到了职业生涯的第 10000 分，事实上，这是他进攻数据最好的一个赛季：场均 29 分、6.1 个篮板、7.5 次助攻，均是他的职业生涯新高。**

然而，哈登的进攻能力引人注目的同时，被关注的还有他糟糕的防守。哈登的防守表现之差，甚至让他被沙克 · 奥尼尔评为“搞笑 MVP”，因为他在防守中出现了太多滑稽的失误，整个赛季下来，这些失误甚至可以编成一个时长惊人的搞笑集锦。

在常规赛结束时，火箭队的战绩是 41 胜 41 负，他们幸运地搭上了 NBA 季后赛的末班车。然而，八号种子就意味着他们将在季后赛首轮遇上上届冠军、在常规赛中创历史拿到 73 胜 9 负的金州勇士队，最终，他们再一次以 1 ∶ 4 的大比分败下阵来。

“这是很糟、很糟的一年，”在赛季结束时，哈登终于承认，“赛季开始的时候就不顺，我的脚踝受伤，不能像以往那样在训练营里提

升状态，所有的问题都出现了，还有很多场外的事情分心，很多很多的不如人意，我知道所有球员都会经历这种时刻，希望我们明年会变得更好。”

## 第三节

# 梦想熔断

金州勇士队在击败火箭队之后，又踏过了波特兰开拓者队，而西部决赛里，他们的对手则是俄克拉荷马城雷霆队。

这看起来像是宿命的对决，两支球队的领袖球员年纪相仿，库里、杜兰特和威斯布鲁克都是 1988 年出生，而克莱 · 汤普森稍小两岁，在联盟里都算是年轻一代。唯一的不同在于，金州勇士队已经在前一年成功夺冠，而雷霆队历经数次尝试，却始终还差一步。

上一个赛季，杜兰特因为受伤而被迫在家休养，当他看到年轻的勇士队捧起奥布莱恩杯时，他简直心潮澎湃，连发几条短信给朋友:“下一年必将属于我们! ”紧接着又一条:“然后我会续约，继续多拿几个奖杯。”

**他的梦想会在今年实现吗?**

前四场战罢，看起来杜兰特即将如愿以偿。雷霆队先在勇士队主场“偷”走了首场比赛的胜利，也夺走了系列赛的主场优势，在回到自家主场之后，他们更展现出了无与伦比的光芒。在山呼海啸般的加

油声中，雷霆队在第二和第三节里一共攻下 83 分，创造了队史的一项季后赛纪录。最多的时候，他们一度领先勇士队多达 41 分。

德雷蒙德 · 格林在场的时候，雷霆队比勇士队多得 43 分；克莱在场时，多得 41 分；库里在场时，这个数字是 39 分。“这支勇士队几乎让我们不敢相认，”《圣克鲁兹哨兵报》在赛后评论道，“这是一场彻头彻尾的失利，勇士队完全被雷霆队打垮了。”

**雷霆队阵中共有 6 名球员上双，杜兰特和威斯布鲁克分别得到 33 分和 30 分，后者还额外送出 12 次助攻。**唯一让勇士队球迷能够自我安慰的事实是，他们这个赛季之前一共输过 11 场比赛，而输球之后的第二场，他们的战绩是 11 胜 0 负。

但勇士队球迷们要失望了，两天之后，双方再战，威斯布鲁克打出三双的漂亮成绩，36 分、11 个篮板、11 次助攻，他彻底将对面 20 投仅 5 中的库里比了下去。大比分 3 ∶ 1，俄克拉荷马城雷霆队距离总决赛，只有一步之遥。在 111 ∶ 120 输掉一个客场之后，他们带着信心回到俄克拉荷马城，希望能够在主场一举完结系列赛。

他们甚至有些过于自信了。在头一天训练之后的发布会上，当杜兰特被问到“库里是不是一个被低估了的防守球员”时，威斯布鲁克在旁边毫不客气地轻笑出声，而杜兰特礼貌地赞扬了库里的防守表现，又补充说：“但我喜欢我们这边的安排，用威斯布鲁克来跟库里对位。”

库里在这个对位里确实没占到多少便宜，他的准星下降到人类级别，而雷霆队在比赛的前 44 分钟里都一直领先。**当比赛还有 5 分 48 秒结束的时候，雷霆队以 94 ： 87 领先，杜兰特和威斯布鲁克晋级的概率高达 88%。**

但克莱站了出来，他全场得到 41 分，其中 33 分来自三分线外，而他在下半场得到的就有 26 分，仅第四节就拿下了 19 分。

更重要的是，雷霆队“双核”开始累了。杜兰特和威斯布鲁克的汗水如雨一般挥洒，他们抓着衣角，呼吸明显粗重起来，他们整场比赛都没怎么休息过，在这个时候体力即将耗尽，而勇士队则抓住了这个机会。

勇士队的防守明显紧迫起来，在剩下的 5 分多钟里，他们逼出了杜兰特和威斯布鲁克合计 6 次失误，并且让他们 14 次出手只命中 3 次，

合起来只得到 12 分。

**101 ：108，雷霆队的梦想在他们的眼前缓慢地分崩离析。**

在第七场比赛里，杜兰特和威斯布鲁克的上场时间又在 45 分钟以上，杜兰特在第四节曾经带领出一波漂亮的攻势将比分追近，但勇士队没有留给他多少机会。时钟最终归零，杜兰特先找到了迪昂 · 韦特斯，他拍拍后者的脑袋，然后去找对手一一握手，格林、哈里森 · 巴恩斯，然后是库里。当西部冠军颁奖仪式即将开始之时，雷霆队球员穿过球员通道回到自己的更衣室，杜兰特是最后一个，他在底线附近多停留了一会儿。

**像是一个寂寞的告别。**

平心而论，雷霆队的表现已经超出许多人的预期。2 月中旬的时候，他们在全明星赛之后的 12 场比赛里输了 8 场，然后整个俱乐部都沉浸在一次又一次的悲剧事件之中，先是助理教练蒙蒂 · 威廉姆斯的太太在车祸中去世，然后是小股东奥布雷 · 麦克伦敦因车祸身亡，再然后，

维特斯的同胞兄弟在费城遭遇谋杀。

最终他们走出了阴霾，一直走到了西部决赛。他们战胜了圣安东尼奥马刺队，后者的常规赛战绩是 67 胜 15 负，如果不是勇士队那近乎妖孽的表现，马刺队这 67 胜就是近 20 年来最好的常规赛成绩了。然后雷霆队与妖孽般的勇士队，拼到了第七场。

“雷霆队证明了自己属于争冠行列，他们始终是联盟顶尖，”ESPN 的编辑罗伊斯 · 杨在赛后写道，“他们只是没有得到任何用于展示的装饰品。”

### 2015–2016 赛季西部决赛数据

| | | 命中数 | 出手数 | 命中率 | 得分 | 篮板 | 助攻 | 抢断 |
|---|---|---|---|---|---|---|---|---|
| 雷霆 108 ： 102 勇士 | 杜兰特 | 10 | 30 | 33.3% | 26 | 10 | 3 | 3 |
| | 威斯布鲁克 | 7 | 21 | 33.3% | 27 | 6 | 12 | 7 |
| 雷霆 91 ： 118 勇士 | 杜兰特 | 11 | 18 | 61.1% | 29 | 6 | 1 | 1 |
| | 威斯布鲁克 | 5 | 14 | 35.7% | 16 | 1 | 12 | 2 |
| 雷霆 133 ： 105 勇士 | 杜兰特 | 10 | 15 | 66.7% | 33 | 8 | 2 | 0 |
| | 威斯布鲁克 | 10 | 19 | 52.6% | 30 | 8 | 12 | 2 |
| 雷霆 118 ： 94 勇士 | 杜兰特 | 8 | 24 | 33.3% | 26 | 11 | 4 | 4 |
| | 威斯布鲁克 | 12 | 27 | 44.4% | 36 | 11 | 11 | 4 |
| 雷霆 111 ： 120 勇士 | 杜兰特 | 12 | 31 | 38.7% | 40 | 7 | 4 | 1 |
| | 威斯布鲁克 | 11 | 28 | 39.3% | 31 | 7 | 8 | 5 |
| 雷霆 101 ： 108 勇士 | 杜兰特 | 10 | 31 | 32.3% | 29 | 7 | 3 | 2 |
| | 威斯布鲁克 | 10 | 27 | 37.0% | 28 | 9 | 11 | 4 |
| 雷霆 88 ： 96 勇士 | 杜兰特 | 10 | 19 | 52.6% | 27 | 7 | 3 | 1 |
| | 威斯布鲁克 | 7 | 21 | 33.3% | 19 | 7 | 13 | 2 |

## 第四节
# 告别俄城

这是杜兰特的合同年。如同任何一个巨星，在这一年里，杜兰特始终被同一个问题缠绕：等到自由市场开放的时候，他会离开俄克拉荷马城吗？当然，无论是哪个城市的 NBA 球队都愿意出顶薪来招募他，但除了钱之外，他更看重什么呢？忠义？名望？或是亲手缔结的冠军甚至是王朝？

从杜兰特过往的言论来看，忠诚和义气是两个对他来说最重要的词。过去 9 年，杜兰特在公开或私下场合都反复表示，他已经把自己奉献给雷霆队。当雷吉 · 杰克逊要求交易的时候，他甚至发了一场脾气：“我从来不喜欢那种不愿意留在这里的人。”他也从来没有质疑过球队交易哈登的决定，他的第一反应是：“就为了五百万吗？”他与雷霆队一起，为这支球队的未来描绘了一幅壮丽蓝图，而任何人的离开，杜兰特都会感到这是对他个人的一种背叛。

在过去的 9 年里，听他说过这些的人，都相信杜兰特不会离开俄克拉荷马城。然而，令人悲伤的真相是，像他这样的职业运动员往往有一个要命的坏习惯，他们倾向于顺着大众的心意说话，而把真正的心意藏起来，有时候甚至瞒过了他们自己，直到真正要做抉择的时刻来临。

在自由市场谈判时间开放之后，杜兰特挨个“接见”了迈阿密热火队、波士顿凯尔特人队、洛杉矶快船队和圣安东尼奥马刺队，但是，真正让他犹豫的，只有俄克拉荷马城雷霆队和金州勇士队。

雷霆队允诺他的是一份比篮球更重大的荣光，作为俄克拉荷马城唯一的四大职业联盟球队，雷霆队得到了这个城市全心全意的爱；而杜兰特，某种程度上已经是雷霆队的代名词，如果在这里带领球队夺冠，如果他在这里光荣退役，他将是这支球队、这个城市的至尊英雄，如同科比之于洛杉矶湖人队、诺维茨基之于达拉斯独行侠队、韦斯特之于金州勇士队，甚至是上述三者的合集。

而韦斯特恰好被勇士队派来说服杜兰特，他没有太多花哨的说辞，只向他抛出了一个诱饵：“来与我们共同创造王朝吧。”

6月30日，杜兰特与雷霆队正式开始谈判。

雷霆队打感情牌的用意很明显。在会面前，雷霆队管理层请杜兰特不要像以前那样从停车场直接进场馆，而是在街边的

场馆入口下车，然后走路进场，而那里挂了一面 5 英尺高的旗帜，杜兰特的头像之下，是这个赛季的球队口号：“明日之行，始于今朝。”他们希望告诉杜兰特，这就是你的球队、你的球馆，而你就是这里的主人。

但杜兰特错开了这幅巨画，他从旁边史蒂文 · 亚当斯的头像下穿越而入。

他们谈了五个半小时。在会上，总经理普雷斯蒂和总经理助理特洛伊 · 维夫竭尽全力向杜兰特描绘了未来的美好图景，比如引进艾尔 · 霍福德，打造更具争冠实力的阵容，当然，无论星光如何璀璨，球队始终是以杜兰特为第一核心。

三天前，雷霆队的另外两位“创队元老”威斯布鲁克和尼克 · 科里森约杜兰特在西好莱坞的 BOA 牛排餐厅吃了一顿饭。他们试图强调：“留在一起共创事业是一件多么珍贵而且重要的事情，他们就要一起创造一些真正特别的东西了，真的，那份无上荣光已经近在咫尺。”

威斯布鲁克甚至询问杜兰特是否需要自己在场上做出一些改变，如果杜兰特指出，他愿意照做。

雷霆队希望杜兰特不要在自由市场上多做停留，最好让他取消接下来在汉普顿与各队会面的行程，直接与自己球队签下合约。但杜兰特对他们奉上的合约不置可否，在会面结束之后，立刻搭上私人飞机，飞到了既定的度假地点。他和他的团队将在那继续考虑最终的决定。

7 月 1 日，勇士队的代表团飞抵汉普顿。

作为一支湾区球队，勇士队方面的展示当然带上了几分硅谷出身的高科技色彩，他们为杜兰特准备了一段 VR 影片，让他能够如同亲临实境般地体会甲骨文球馆的硬件设施。尽管中间出现了一些小小的技术故障，但杜兰特还是兴致勃勃地感受着这一切，与淳朴、守旧的俄克拉荷马城截然不同的一切。

**雷霆队的球队文化，在轻松愉快的“雷霆大学”时光之后，这些年已经变得颇有精英范儿。**一方面，杜兰特长久以来塑造的形象就是这样的，专业、冷静、自持；另一方面，也是总经理普雷斯蒂带来的马刺队文化的延续，一本正经、有条不紊，有时候显得有一点沉闷甚至僵硬。

而勇士队则是截然相反的类型，他们有趣又浮夸，松弛而又自信，如同旧金山的街头艺术家，或是硅谷里那些挥斥方遒的天才黑客。杜兰特从来没有在那样的环境里生活，他从小就被教育要勤勉、要谦逊、要知足感恩，而现在的他，被那样恣意的图景深深吸引。

德拉蒙德·格林后来对记者说，他们勇士队代表团并不需要对杜兰特说太多，就只是问他，在他看来，在他加入勇士队之后，这样的阵容能拿多少个总冠军。“没有我们，你一个人能拿几个总冠军？我们在一起打球，又能赢多少个呢？”格林说，“答案其实并不复杂。”

那次会面后几个小时，库里给杜兰特发了一条短信，说自己不介意谁成为这支球队的门面担当、谁得到最多的认可，或者谁的签名鞋卖得最好。实话是，杜兰特自己也并不那么在意了。

杜兰特说他的决定将取决于自己“想跟什么样的人一起打球，愿意与什么样的人一起每天并肩战斗”，很多人猜测，这代表着他会选择过去 9 年里风雨同行的战友——威斯布鲁克、克里斯，还有俄克拉荷马城的一切。

但现在的杜兰特不想再扮演那个完美偶像了，他也厌倦了把整座城市的希望扛在自己肩上，他不再愿意承担领袖的责任。金州勇士队的球队口号“数据说话”不再是一句公关宣传文案而已，那是他切实渴望的东西。

2016 年 7 月 3 日，雷霆队派出的说客团来到汉普顿，他们期望能与杜兰特再进行一次会谈。但他们的准备很是仓促，临到周末才想起来订房，结果根本订不到附近的酒店，包括老板本内特、总经理普雷斯蒂和主教练多诺万在内的一行人只能挤在一家偏僻的假日快捷酒店里，随时等候杜兰特的召唤。

与此同时，杜兰特跟勇士队老板乔·拉科布、总经理鲍勃·迈尔斯建立了一个三方通话，在交谈之中，杜兰特无意中露出了口风，他隐约提到了一些“等我过去”之类的话，他已经在展望自己在湾区的新生活。他并不知道雷霆队的故人们还在快捷酒店里苦等，或许就算他知道，他也并不在意了。

7 月 4 日早晨，杜兰特电话通知俄克拉荷马城雷霆队的管理层，他已经做出最终的决定，他将离开这支效力了 9 年的球队。

几分钟后，他在《球员论坛》网站上发表文章，正式宣布加盟金州勇士队。

**一个时代轰然倒塌。**



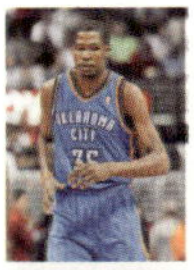

Rakuten

第六章

# 三人三城 各自为王

# 第一节
# 超级球队

杜兰特的离去像一记重锤，狠狠地砸在俄克拉荷马城球迷的心上。心碎的人们聚集在球馆门前，呜咽地咒骂着“叛徒”，而高楼上悬挂着的球队广告里，杜兰特的脸被撕下，变成一个巨大的空白。有球迷烧掉了35号球衣，那曾经承载着这座城市的希望与荣光的号码，如今已是背叛的证明。

媒体分成两派：一派抨击杜兰特向刚刚击败了自己的球队“投诚”，是选择了“懦夫的道路”；而另一派则支持他，说他做出了对自己最有利的明智选择，何况“生意就是生意”。

在媒体的喧闹声中，杜兰特回到了那座多雨的城市。2016年9月，他在西雅图重建了一座球场，让孩子们能够从这项运动中找到乐趣，而在球场开张的那天，曾经在NBA选秀中亲手选中他的篮球传奇、前超音速队篮球事务主席兰尼·威尔肯斯也出席了剪彩仪式。

威尔肯斯从来不隐藏他对雷霆队和本内特的恨意，他说想到本内特在2008年是如何把超音速队从这座城市“偷走”，他至今还是“会有一点点生气”。在他几步之外接受采访的杜兰特则回忆起西雅图曾展现给他的温柔和包容，他实在非常了解媒体和本地球迷想听什么，他提起西雅图海鹰队在 2014 年夺得超级碗时的壮观场景，提到西雅图球迷在海鹰队主场那令对手胆战心惊的助威声。“我当时在雷霆队，表现也非常好，我总是会忍不住想，如果西雅图同时拥有这样两支球队会怎样？”他说，“在我想象中，那一定是无与伦比的景象，是历史上从来没有城市曾经见证过的壮丽。尽管无法实现，但我们可以尽情梦想。”

**《西雅图时报》的专栏记者马特·卡尔金斯问他：“当雷霆队在西部决赛被勇士队击败时，你知道西雅图人有多高兴吗？”**

杜兰特的公关赶忙上来阻止，说：“我们不会回答这个问题。”但杜兰特停了下来，他露出了一个微笑说：“当然，他们一定兴奋极了。”

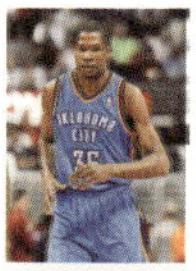

杜兰特与金州勇士队的新合同为期两年，价值 5430 万美元，但这并不是他在湾区的最大收获。金州勇士队因为智能穿戴装备、动作捕捉技术和大数据武装而被大众称为“高科技球队”，在离开俄克拉荷马城 8 个月之后，杜兰特已经完美融入其中。他开特斯拉，与硅谷名人们在派对上谈笑风生，他创建了一个新媒体公司，出品了若干个纪录片，而他的投资范围更广，从个性化医疗到智能手机，甚至布局到了无人机领域。

“杜兰特剑指硅谷，”商业杂志《快公司》如此形容他的新动作，“他已经从一名纯粹的 NBA 明星，转变成为一名坚决的球员企业家。”

在这篇封面文章中，著名的商业记者马修 · 沙尔写道，他曾经与杜兰特及其经纪人兼商业伙伴里奇 · 克雷曼讨论过关于 NBA 球队交易的事情，当他们提到某些深受球迷热爱的球员被他们钟爱的球队突然送走时，即使他们事前对这笔交易毫不知情，他们也不会为其中的感情因素而感到多么震惊，而是会立刻谈论起关于交易本身对 NBA 力量平衡的意义。

**“如果你是球迷的话，你会不会感觉难过？”克雷曼问记者，随后又自问自答道，“不，你不应该难过，你知道吗？这就是生意。”**

杜兰特很快接过话茬：“忠诚在其中一文不名。”

他像是始终没有释怀，对自己被冠以“叛徒”之名而耿耿于怀，但他对待篮球和自己在篮球世界中的地位，又有种近乎超然的冷静。他是商业世界野心勃勃的学生、硅谷炙手可热的投资新贵，也是篮球巨星。

在记者的描述里，杜兰特的公寓景象通常是这样的：厨房里，杜兰特的私人厨师正在准备晚餐；客厅中，他的造型师正在准备他接下来参加拍摄的服装，杜兰特拿起一件黑色的连帽衫，欣赏地点了点头；

恰在此时，克雷曼的电话铃声响起，对面是杜兰特的营养师，打电话来让他查看一份推荐的维生素补充剂列表。

“什么时候开始训练？”杜兰特问道。然后克雷曼看看表，告诉他：“还有几分钟。”几分钟之后，商业让步，篮球登场。

加入勇士队，从篮球的意义上来说，让杜兰特的成功道路变得顺利了许多。

在之前的两个赛季里，勇士队连续闯进总决赛，在库里、克莱和格林的带领下曾取得过史无前例的73胜9负。杜兰特本来就是MVP级别的超级巨星，他的加入，让这支勇士队瞬间成为“超级球队”。

当然也有质疑，杜兰特的前队友哈登就在采访里酸溜溜地表示：“勇士队阵容挺强，但场上毕竟只有一个篮球。”事实上，多了杜兰特这个场均需要占据十六七次出手的球员，原本的进攻核心球员也要随之做出调整和牺牲。“说实话，最开始还挺困难的，”库里在几年后做客

节目时承认，“我得到的出手机会变少了，球队进攻配合的方式也不一样了，所以我做出了一些调整。”

**在 2015–2016 赛季里，库里场均得到 30.1 分，全票当选常规赛最有价值球员。但在 2016–2017 赛季，他的得分数据下滑到了 25.3 分。**

球队战绩也经历了短暂下滑，在圣诞大战输给克利夫兰骑士队之后，勇士队的战绩为 27 胜 5 负，而他们前一年同一时间的战绩为 28 胜 1 负。“转型的过程并不像我们想象中那样顺利。”库里在赛后说。

但新的勇士队很快找到了节奏，他们最终以 67 胜 15 负结束了常规赛，成绩依然排在全联盟第一位。

**2015–2016 赛季、2016–2017 赛季库里投篮数据对比**

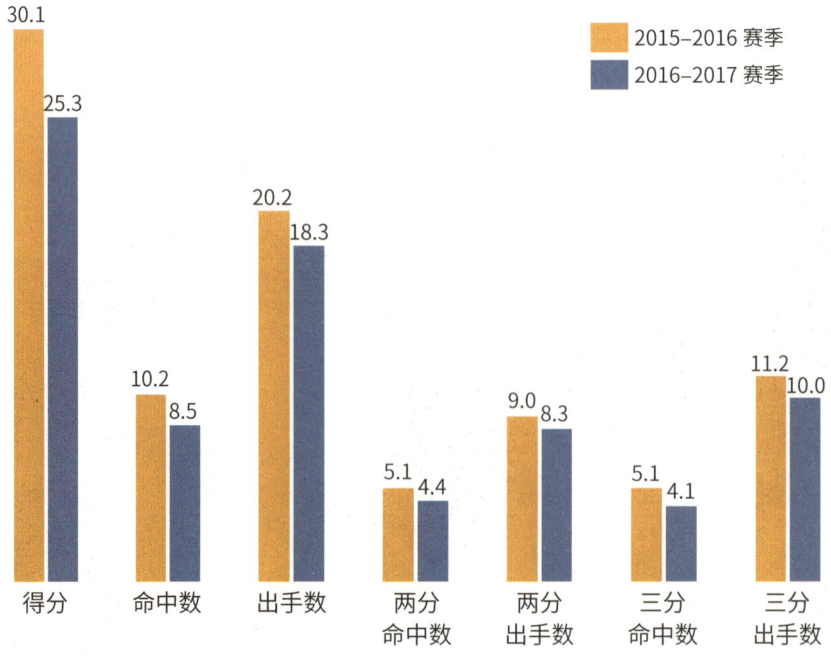

# 第二节
# 控卫哈登

相较于杜兰特离开俄克拉荷马城所引发的震动，霍华德离开火箭队和哈登的消息，几乎不叫任何人感到意外。在“魔灯”组合的最后一年，双方已经相当明显地流露出对彼此的排斥，只有球队邀请特约记者精心撰写的公关特稿还在坚持“他们彼此支持，友情深厚”的套路。

实事求是地说，2015–2016 赛季对于哈登来说，确实称得上是“最坏一年”。分分合合的恋情，无处逃避的狗仔追踪，起伏不定的战绩……一切都不顺利，在赛季结束的评选中，哈登连第三阵容都没能进入。在 2016–2017 赛季，他注定要有新的改变。

然后，火箭队新主帅德安东尼驾到，在他的安排下，哈登将改打控卫。

后卫杰森 · 特里在休赛期离开了火箭队，但他对德安东尼和哈登的未来很是看好。“我早就说了，德安东尼跟哈登会擦出绝妙的火花，”特里说，“看着吧，哈登会成为火箭队的控卫，90% 的时间里球都会在他手里，而他的数据将飙升上天。史蒂夫·纳什就是这样成为两届MVP的，在休斯敦，历史可以重来。”

“我很激动，”哈登也承认，“这个机会很难得，我听说过很多关于德安东尼的传说，现在我迫不及待想要开始新赛季了。”

**于是跑轰派对开始。**

哈登在新的战术体系里彻底升级，从中国赛开始，他和他的火箭队就一路在狂轰滥炸中豪取分数，在掠夺胜利的同时，也将过往的缺点统统抛诸脑后。他无须再刻意照顾内线的感受，他可以随心所欲地控球组织，观察队友的跑位，他可以在球场上的任何位置送出传球，也能抓住一切时机施展自己的单打才华。

在防守端，他的努力也有目共睹，不再是以往的“眼神防守”，而是积极地补位和扑抢，让对手难以轻松得分。

他蜕变了，舆论如此评价，如今的哈登已是一名合格的球队领袖，他打出MVP级别的数据。

2016年10月27日，火箭队客场挑战湖人队，哈登送出17次助攻，刷新了职业生涯单场助攻纪录。

2016年11月22日，火箭队客场99：96战胜活塞队，哈登出场38分钟，得到28分、8个篮板、11次助攻，职业生涯火箭队时期常规赛累计64次助攻上双，超越埃里克·弗洛伊德（63次），成为火箭队队史自1985-1986赛季以来助攻上双次数最多的球员。

哈登不断刷新纪录，然后时间来到2016年12月1日，甲骨文球馆。杜兰特在赛后冰敷过后，想将冰袋扔进垃圾桶，但准星稍偏，冰袋砸在桶边，发出一声不小的声响。在几十米之外的客队更衣室里，佯装镇定的哈登在走进淋浴间后彻底放飞自我，歌声嘹亮，直抒胸臆。这两处不同的情景，便是刚结束那场比赛的真实写照。

LAKERS
30
ROCKETS
13
SPALDING

哈登砍下 29 分，并得到 15 个篮板，送出 13 次助攻。时间才刚刚走到 12 月，他已经获得了赛季的第四次三双，而他的休斯敦火箭队在双加时中以 132 ：127 击败了“超级球队”金州勇士队，终结了对方的 12 连胜。

“这是伟大的胜利，一场真正的团队胜利，”哈登说，“火箭队已经完成蜕变，今晚，我们像一支真正的球队，我们感觉到了这一点，无论进攻和防守都是如此。我们可以与联盟任何一支球队抗衡。”

哈登的状态也并非一直火热，但难得的是，即使在他手感不佳的时候，哈登依然为球队争胜做出贡献。12 月 17 日，火箭队客场对阵森林狼队，哈登 20 次出手仅命中 8 球，三分线外出手 11 次只中 3 次，还出现了 7 次失误和 5 次犯规。

但关键时刻，站出来的还是哈登。在第四节还剩 2 分 20 秒时，森林狼队以 93 ： 81 领先，火箭队依靠特雷沃 · 阿里扎和莱恩 · 安德森的 3 个三分球将比赛拖入了加时赛，而这 3 个三分球都是来自哈登的助攻。在这个过程中，哈登还完成了一次对维金斯的盖帽。

火箭队取得了自“姚麦时代”以来的第一次 10 连胜。

**当常规赛季收官的时候，火箭队的战绩定格在 55 胜 27 负，而哈登成为 NBA 历史上第一位单季得分 2000+、助攻 900+、篮板 600+ 的球星，他也是历史上第一位单赛季得分和助攻得分都超过 2000 分的球员。**

这个数据已经完全超越了纳什拿 MVP 的那两个赛季。

## 第三节

# 孤胆英雄

阻碍哈登拿到MVP的，是他的另一位前队友拉塞尔·威斯布鲁克。

2016年8月4日，也就是杜兰特宣布加盟勇士队的整整一个月后，威斯布鲁克在俄克拉荷马城召开发布会宣布与雷霆队续约。当蓝色的地毯铺开，数千名球迷见证威斯布鲁克奉上他的忠诚和承诺，也见证他取代杜兰特成为球队新的旗帜。俄克拉荷马城市长米克·柯内特宣布，这一天将被永远铭记为“拉塞尔·威斯布鲁克日”，成为城市的纪念日。

威斯布鲁克给了雷霆队一份新的希望和一个新的未来，这正是30天前被践踏入泥、灰飞烟灭的两样东西。

失去了杜兰特，对雷霆队的打击是巨大的。在新赛季的第一场比赛里，他们极其艰难地战胜了费城76人队，而威斯布鲁克在第四节完全打出了一个孤胆英雄的架势，他硬生生扛着球队跑过了终点。

在比赛结束之后，一个雷霆队的工作人员环顾更衣室，咋舌道：

“我不敢相信这样的比赛还要有 81 场。”他们能坚持吗？当他的视线滑过正在往腰上系着一件亮黄色毛衣的威斯布鲁克，他轻声说：“好吧，至少他绝对能。”

2016 年 12 月 23 日，雷霆队客场对战波士顿凯尔特人队。

雷霆队二号得分手维克托 · 奥拉迪波因手腕受伤缺席比赛，但球队在威斯布鲁克的带领下开了一个好头，其中，多曼塔斯 · 萨博尼斯前 8 投全部命中。但比赛打到结尾的时候，威斯布鲁克的 MVP 级别表演才真正让人瞠目，他在最后 90 秒连得 12 分，包括背靠背的两记冷血三分。

这场比赛，威斯布鲁克 25 投 13 中得到 45 分，外加 11 个篮板和 11 次助攻，帮助球队夺得了一场关键的客场胜利。

然而，比他的数据更惊人的，是他不在场时的雷霆队进攻数据：只要威斯布鲁克不在场上，雷霆队的进攻效率立刻降到联盟倒数第二的位置。这就是雷霆队整个赛季最大的困扰，他们无法在威斯布鲁克

不在的情况下得分。整个赛季，他一共出战了 81 场比赛，平均每场要打 34.6 分钟。

2017 年 2 月 11 日，金州勇士队带着杜兰特来到俄克拉荷马城。在下半场的某个时刻，威斯布鲁克抬起下巴看着杜兰特，警告对方说："我要来了。"而杜兰特很快反击："好的，但你终将会输。"

这样的对话在媒体和球迷之间引发了很多讨论，但对话的双方最终都验证了自己的发言。威斯布鲁克苦战 37 分钟，贡献出 47 分，还有 11 个篮板、8 次助攻和 11 次失误，但最终雷霆队还是输了 16 分。即使无法改变胜负，俄克拉荷马城的球迷依然给了威斯布鲁克最大的支持，这些曾经在杜兰特身后喊着"M-V-P"的人们，现在会一直喊着威斯布鲁克的名字，在赛后起立鼓掌，一直到目送威斯布鲁克离场。

2017 年 4 月 9 日，雷霆队客场对阵丹佛掘金队。

比赛还剩 4 分 16 秒的时候，雷霆队还落后 10 分，但威斯布鲁克助攻塞马杰 · 克里斯顿，而后者投中一记三分。这一个助攻，是威斯布鲁克本场比赛的第 10 次助攻，也成全了他整个赛季以来的第 42 次三双——比传奇的"大 O"奥斯卡 · 罗伯特森的纪录还多一次。

**威斯布鲁克创造了历史！**

雷霆队主场百事中心因为威斯布鲁克而沸腾，但他把历史暂时放在一边，他决意要赢下这场比赛。他一个人拿下了雷霆队的最后 12 分，在比赛还剩 2 秒钟的时候，雷霆队还落后 2 分，这时候他们叫了一个暂停。

再次开球，威斯布鲁克在球场左侧距离篮筐超过 10 米的地方接球，他没有半点犹豫，起手就投。

当球划过空中，时间仿佛被拉长了，像是一个无比浪漫的传奇，在他打破曾经被视为不可逾越纪录的日子里，客场的球迷也为他欢呼："M-V-P！ M-V-P!"那颗篮球在划出了一条美丽的弧线之后，落入篮网之中。

**106 ： 105，威斯布鲁克完成绝杀！**

这是威斯布鲁克赛季第 80 场比赛，他拿到了赛季第 42 次三双，奉献了第三次 50+ 得分表演。在这样艰苦卓绝又无与伦比的英雄史诗面前，即使哈登的数据被许多篮球评论员们视为"超越张伯伦"，威斯布鲁克的 MVP 奖项也不会再有疑问。

# 第四节
# 封神之战

这一年，威斯布鲁克那色彩鲜艳的服装和大墨镜已经成了他的个人标志，与哈登的大胡子形成鲜明对比。在季后赛第一轮，这两位 MVP 奖项的最有力竞争者将直接对决，人们都迫不及待地想知道究竟是哈登的凤凰涅槃更隽永，还是威斯布鲁克的孤胆传说更配得上奖杯。

他们依然是朋友，但在知道双方球队要在第一轮遇上之后，威斯布鲁克和哈登决定要暂时断绝与对方的联系。“当我踏上球场，我就只剩下一个朋友，那就是篮球。”威斯布鲁克说，“我从很小的时候就这样了，这是我爸爸教给我的重要道理——球场之上，只有篮球才是唯一的真理。”

在与火箭队的第二场比赛里，这份真理几乎像是庇佑着威斯布鲁克，他在前三节里予取予求，仿佛球场上的上帝。威斯布鲁克获得了 51 分，外加 10 个篮板和 13 次助攻，这是 NBA 季后赛历史上第一次有人在收获三双的情况下还得到这么多分。事实上，历史上曾经在得分 40 以上还揽下三双的一共只有屈指可数的几位传奇：杰里 · 韦斯特、奥斯卡 · 罗伯特森（两次）、查尔斯 · 巴克利和勒布朗 · 詹姆斯。

但这场比赛的走向最终还是奏鸣起这个赛季已经重复多次的旋律，威斯布鲁克在进攻端没有得到太多帮助，在火箭队的重点防守下，他最终独木难支。他第四节打满了 12 分钟，18 投却只有 4 中，在三

分线外7次出手只命中1球，这样的收尾给了媒体更多把柄。“威斯布鲁克的数据非常惊人，”人们在赛后议论纷纷，“但他的带队能力似乎存在比较大的疑问。”

整个系列赛下来，威斯布鲁克场均得到37.4分、11.6个篮板、10.8次助攻，延续了他整个赛季场均三双的风格。从数据来看，他的表现比哈登（场均33.2分、6.4个篮板、7次助攻）要更抢眼，但论球队的整体表现，休斯敦火箭队占据了绝对的上风。除了第三场之外，他们没有给雷霆队留下任何机会。

**4 ：1，威斯布鲁克的英雄赞歌到此为止，哈登进入下一轮。**

哈登的下一个对手是常规赛MVP竞选的第三名科怀·伦纳德和他所带领的圣安东尼奥马刺队。哈登带领火箭队在前五场与马刺队战成2 ：3，但伦纳德脚踝受伤将缺席第六场，自然而然，火箭队的胜面增大了不少。

这是火箭队夺冠的最好时机之一，与独木难支的雷霆队不同，火箭队在这个赛季多点开花，跑轰战术让他们赢得了常规赛联盟第三名的好成绩，而面对勇士队和马刺队，他们的战绩也并不落下风。

再一次强调，哈登在这个赛季打出了堪比张伯伦的伟大进攻表现。

但当比赛结束的时候，哈登只能无言站在球场中间，听着联盟里最能言善道的主帅之一在他耳边轻声叹息，“我也不知道说什么才好。”马刺队主教练波波维奇对哈登说，他脸上的表情几乎是遗憾和惋惜。

马刺队失去了他们阵中最好的球员，但他们的防守策略奏效了，他们的包围战术让哈登全场比赛仅仅得到10分，还出现了6次失误。火箭队几乎从一开始就丢掉了主动权，全程被马刺队带着节奏打，最后竟然输掉了39分之多。

“令人失望，”哈登在赛后评价自己和球队的表现，“这样输球的方式确实令人失望……我们活在这个世界上，或许就是要从这样的经历里学习，然后成长壮大。”

然而此时距离哈登离开“雷霆大学”、独立承担起球队领袖的责任已经过去了五年。“成长”这个关键词，什么时候才能转变为真正甜美的“成功”？

这是职业体育残忍的地方，除了最终站在领奖台上举起奥布莱恩杯的那群幸运儿之外，每一年，其余球队都必须承受心碎的痛苦。

杜兰特拒绝再经历痛苦，他为了能够来到这里，已经牺牲太多。他与昔日情同手足的战友反目，被曾经的拥趸痛斥咒骂，他之所以忍受这一切，就是为了要夺取最终的胜利，因为他已经等待得太久。

**总决赛成了他的封神之战。**

第一场比赛，他晃倒詹姆斯，直奔内线完成单手劈扣。

第二场比赛第四节，他送给乐福一记“火锅”，然后一条龙完成高难度上篮，随后又命中一记追身三分。

第三场比赛还剩下 1 分 17 秒，他突入篮下后撤步跳投，然后抢下后场篮板，杀到前场三分出手命中帮助勇士队反超。最后 12 秒，他突破造犯规，两罚全中锁定胜局。

第四场比赛，在勇士队陷入低迷的时候，他一个人拿下 35 分。

第五场比赛，他在第二节连飙两记三分，率队打出 12 ：2 的高潮，实现反超。第三节骑士队追到只差 4 分的时候，又是他及时命中三分。每一次骑士队试图追近比分，都是他贡献关键得分，帮助球队拿下最终胜利。

五场比赛，他分别拿到 38 分、33 分、31 分、35 分和 39 分。55.6% 的命中率，47.4% 的三分球命中率，92.7% 的罚球命中率，外加 35+ 的场均得分。杜兰特证明，他可以在关键时刻站出来带领球队取得胜利，即使面对詹姆斯，他也绝对不落下风。

这是杜兰特进入 NBA 的第十个赛季，当他举起金光闪闪的奥布莱恩杯，当他捧起总决赛 MVP 的奖杯，他在总决赛里近乎完美的表现强势抹平了一切争议，那些说他是“叛徒”、是“毒蛇”、是“软蛋”、是“选择了捷径”的声音，都在这一刻安静下来。

这当然是杜兰特人生中最辉煌、最快乐的时刻。

但，你忍不住会想：有一支球队，本来可以拥有一个数据比肩张伯伦的进攻天才，一个超越“大 O”的全能控卫，一个在总决赛打出了堪比乔丹和奥尼尔的关键球员，那个曾被许多人预言过、期待过的“雷霆王朝”，原来真的有过这样的潜力。

ROKiT
ROCKETS
13

# 第七章

# 花开三支 各绽英姿

# 第一节 雷霆豪赌

对于接连让哈登和杜兰特离开、备受指责的雷霆队总经理普雷斯蒂来说，2016–2017 赛季让他深刻地认识到：他和雷霆队都不能再失去威斯布鲁克了。

2017 年夏天，雷霆队一直渴望与威斯布鲁克提前续约。迟迟未来的答复，一度让雷霆队管理层非常揪心。好在 2017 年 9 月的媒体日上，威斯布鲁克给雷霆队吃了定心丸，他表示自己想留在俄克拉荷马城，并且解释了迟迟没有同意续约的原因。

“伙计，这是一个很长、很长的夏天，我有了一个孩子，正在学习做爸爸、培养父子关系。”威斯布鲁克说道，“但是就像我过去说的一样，俄克拉荷马城是我想留下的地方。”

普雷斯蒂当然清楚，威斯布鲁克耽搁的原因，除了他很忙之外，还有对球队运作的关注。

于是，我们看到了 2017 休赛季交易市场中动作频频、放手一搏的雷霆队。

他们先是用奥拉迪波和萨博尼斯从步行者队换来了仅有一年使用权的保罗·乔治；然后又用坎特、迈克德莫特和2018年次轮选秀权（来自公牛队）从尼克斯队换来了卡梅隆·安东尼。

由于保罗·乔治公开表达了想加盟湖人队的意愿，印第安纳步行者队为了不在第二年人财两空，削价和雷霆队达成交易。之后，乔治接受《体育画报》的李·詹金斯采访时说，“我想为湖人队打球的愿望被无限放大了，但说出那番话我并不后悔。”

雷霆队在这次的交易中所表现出的“随缘”态度让乔治感到放松，雷霆队主教练多诺万坦陈：“保罗·乔治今年是敏感的合同年，在没有正式签合同前，他未来加盟哪支球队真的不好说。”普雷斯蒂明白，即便能留乔治在雷霆队一年，乔治内心的第一选择依然是明年加盟湖人队。但彼时湖人队糟糕的战绩和雷霆队的稳定有序相比反差强烈，

让普雷斯蒂下定决心赌一下一年后的续约。

至于安东尼，他有多爱纽约，就对尼克斯队有多失望。训练师在网上发出他凌晨 2 点还在训练的视频后，记者拍到了尼克斯队管理层嘲笑视频的样子。

急于摆脱尼克斯队不如意生活的安东尼，原本想去火箭队搭档自己的“香蕉船”老友保罗。但因为两队在筹码上始终难以达成一致，最终火箭队出局。

如果无法交易继续留在尼克斯队，安东尼将再浪费一年。尽管他可以在 2018 年以自由人身份走人，却会失去“鸟权”。届时，他除了接受底薪和中产特例外，也失去了加盟那些超级强队的希望。到那时，他不但会损失巨额薪金，还失去了争夺总冠军的希望。

为了尽快离开尼克斯队，安东尼开始主动出击，扩大了新东家的选择范围，雷霆队也在此时进入了他的视野。但是否可以交易到雷霆队，最大的阻碍是安东尼的交易否决权。在这个过程中，在威斯布鲁克和乔治的对三人联手美好愿景描绘的劝说下，安东尼放弃了交易否决权以及 800 余万美元的交易保证金转投雷霆队。

威斯布鲁克、乔治和安东尼，成功组成新版“雷霆队三巨头”的豪阵。也正是在乔治和安东尼到来之后，威斯布鲁克对雷霆队的提前续约按下了同意键。

但球员的账面价值能否切实转换为场上的竞争力需要实战的检验。威斯布鲁克的定点投篮能力一般，需要手里有球才能发挥更大作用；乔治虽然拥有不错的投篮和出色的三分能力，但依然需要持球来保证球感；至于安东尼，则是一名典型的进攻型球员，曾经是

NBA 公认的单打王。三人实现和谐共存，难度非比寻常。

果然，赛季初的一幕典型场景体现出了他们的挣扎：威斯布鲁克持球进攻时，乔治双手叉腰站着看，安东尼则站在另一边，两人根本没有跑动和找空位的欲望，等球到了自己的手上，就开启无限单打模式。没有教练会安排这样的“自杀战术”，但这却真实地反映了球队有三个巨星却没有协调时，场上的进攻会可怕到什么程度。

作为球队的核心控卫，威斯布鲁克从独自带队起就形成了一种“赌博式”的传球习惯，队友可能在匆忙中马上接到一个机会极好的传球，但在那之前，你可能几分钟都没碰过球了。

对此，安东尼说：“如果威斯布鲁克传给处于空位的你，你却不出手的话，他肯定会生气。”

拥有超强“奔腾马达”的威斯布鲁克，在进攻和打转换时给队友带来的挑战之大，更是可以从乔治的赛后评论中可略见一斑：“我从没打过那么多快攻，为了赶上他的节奏，自己的脚都不听使唤了。”

好在三人都已经是成熟的球星了，懂得在互相迁就和妥协中前行。最重要的是主教练多诺万针对三人的特点，将防守悍将安德烈·罗伯森做成了多点移动布防机器，打造了足够严密的防守体系，让三人在进攻端可以更加游刃有余。乔治多次在接受采访的时候重点表扬罗伯森：“罗伯森做了许多脏活累活，数据无法体现他的贡献，他所做的一切都是为了赢球。当然，他的数据可能并不是很好，但他的很多小细节帮助了我们取胜，他非常重要。”

一番磨合下来，直到在 2018 年 1 月，雷霆队取得了一波 6 连胜，月度战绩高居联盟第一，看起来，一切都走上了正轨。

但 2018 年 1 月 28 日，雷霆队前往客场挑战活塞队的比赛中，发生了触目惊心的一幕。比赛第三节还剩 4 分 33 秒时，雷霆队以

91 ∶ 66 领先。威斯布鲁克在一个进攻回合中将球高抛向篮筐的方向，想和罗伯森做一次空中接力。当时罗伯森以一种非常怪异的姿势起跳，在空中完全失去了重心和平衡，然后整个身体水平拍在了地板上。隔着屏幕，人们也都能清楚听到他的身体重重拍击地面的声音。

而接下来的一幕让人完全出乎意料，罗伯森表情痛苦地爬到了场地外，身体紧紧贴着地板，像战场受伤的士兵一样挣扎。目睹此情景，威斯布鲁克一直咬着自己的手指不语，满脸自责。就连对手、雷霆队原球员雷吉 · 杰克逊，也做出了为罗伯森祈祷的手势。

本场比赛，雷霆队 121 ∶ 108 大胜活塞队，但是赛后罗伯森被确诊为韧带撕裂，赛季报销。

失去了罗伯森，在攻防两端都给雷霆队带来了巨大的打击。进攻上，没人再能第一时间给威斯布鲁克补防，雷霆队空位抓到篮板下快

攻的机会大减。防守上，缺少了一个单防出色，补防、协防也是联盟一流的全能屏障，封堵对手箭头人物的最坚固盾牌没有了。

缺少了罗伯森，尚不足以在常规赛给雷霆队带来太大麻烦，从数据上也看不出雷霆队和威斯布鲁克受到了多大影响。这个赛季的常规赛，雷霆队排名西部第四，威斯布鲁克代表雷霆队出战 80 场，场均得到 25.4 分、10.1 个篮板、10.3 次助攻，连续第二个赛季得到场均三双的数据，成为 NBA 历史上首位能够连续两个赛季完成场均三双的球员。此外，他还拿到了职业生涯的首个助攻王。

但如何将豪华的数据真实输出为球队的胜利，季后赛才是真正的检验舞台。

季后赛首轮，雷霆队与犹他爵士队相遇。没有强有力外线防守大闸的遏制，爵士队新秀米切尔轻松地大杀四方；而在进攻端，如主教练多诺万所言：“我们陷入了太多的单打中，我们应该分配球，而不是停留在一个人的手里，我们要学会分享球，信任队友。”

但学习和信任需要时间，不是一个系列赛就可以完成的。爵士队以下克上 4 ：2 战胜了雷霆队。那些“缺少了罗伯森，雷霆队季后赛很难走得太远”的预言，一语成谶。

**随着雷霆队的再次首轮止步，新“三巨头”的首次合体，以尴尬落幕。**

## 2017–2018 赛季“雷霆三巨头”季后赛数据

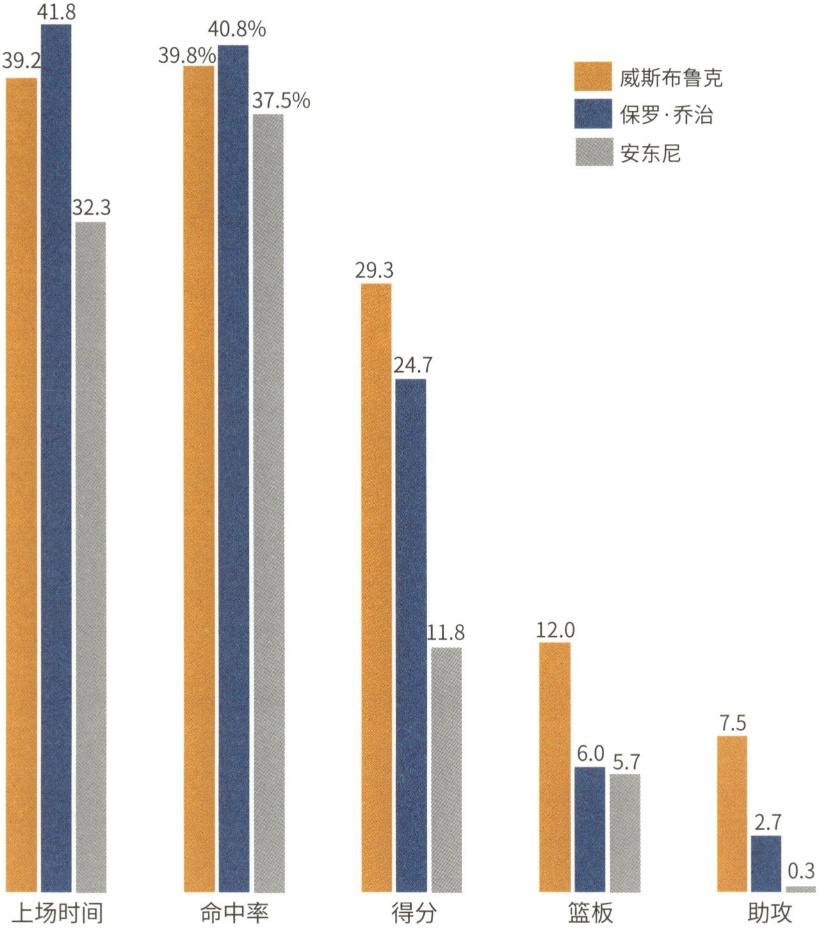

## 第二节
# 最佳后场

2017年7月9日，火箭队官方宣布和哈登提前续约4年，合同签至2022–2023赛季。

同年夏天，心高气傲的保罗在与快船队讨论建队方向时，爆发了难以弥合的分歧。“如果不以击败勇士队为目标，我们打球还有什么意义？我赚那么多钱又有什么用？”他掷地有声地说。

最终，保罗选择了离开，损失了1000多万美元的年薪，加入了只有哈登一名全明星球员的火箭队。只因为火箭队告诉他，球队将会围绕哈登和他打造一套可以击败勇士队的阵容。而打败勇士队意味着：他们将有非常大的机会可以夺得总冠军！这也是职业生涯末年的保罗所需要并想要去证明的。

自由球员市场尚未正式开启，保罗就选择执行球员选项提前告别了自由球员市场。他仁至义尽地为老东家快船队留下了1换7、近半支火箭队的巨额资产。不少媒体和球迷抨击火箭队做了最愚蠢的交易，换来了一名带有伤病隐患并且已经32岁的老将，而且球风与哈登完

全冲突。种种糟糕的假设，让火箭队新赛季的前景备受质疑。正如塔克所言："他们让我别来火箭队，因为那里一个球不够分。"

人们没注意到的一点是：随着保罗的加盟，哈登身上的担子仿佛更重了，休赛季像变了一个人一样；整个夏天，他几乎从未像其他球员那样外出游玩，而是把大部分时间用来训练提高自己。

**从揭幕战险胜勇士队，哈登和保罗组成的"灯泡组合"，让质疑者渐渐安静了下来。**

刚拿下年度最佳教练的火箭队主帅德安东尼继续疯狂实验，继上赛季激活了哈登的传球属性后，着手试验解决进攻端两位传球大师的协调问题。

事实证明，上赛季火箭队的进攻已经足够犀利，而保罗的到来则让一切变得更加出色。

“灯泡组合”的第一个赛季完美融合，常规赛火箭队取得65胜17负的历史最佳战绩，排名联盟第一。在个人数据上，在哈登身边的保罗打得无比惬意，数据表现相比上个赛季相差无几。而哈登个人数据不仅没有削弱，反而打出了生涯最佳表现。他场均轰下30.4分、5.4个篮板、8.8次助攻、1.75次抢断的成绩，成为联盟得分王。

季后赛开赛后，凭借着常规赛第一所拿到的有利排位，火箭队在首轮和次轮轻松地以4∶1的相同比分战胜了森林狼队和爵士队，与上届冠军金州勇士队会师西部决赛。

火箭队和勇士队都是擅长投射的球队，双方的大战激情碰撞，火星四溅，取得天王山的胜利之后，哈登和保罗感觉自己的一只手都摸到了总决赛的地板。

但与勇士队的第五场较量也耗尽了火箭队的全力，保罗在比赛中

伤到右腿，不得不中途被替换下场。赛后的初步检查结果正如现场所担心的一样，保罗再次遭遇腿筋受伤，已经确定将无缘第六场比赛。

保罗的缺席使勇士队很快以 115 ：86 拿下第六场，将大比分扳为了 3 ：3 平。

更让火箭队和哈登绝望的是，主教练德安东尼在赛前发布会上宣布：保罗不会出战西部决赛的最后一场比赛。

保罗倒下带来的是一连串的多米诺骨牌效应。因为他的缺席，哈登被勇士队针对；因为被针对，哈登的体力肯定不足以支撑完全场；而哈登一旦哑火，火箭队将失去发动机和核弹头。

**第七场比赛开始时火箭队如同哀兵，拼尽全力冲击着勇士队的防线，但从第二节的 6 分 43 秒开始到第四节的 6 分 27 秒，火箭队的三分球好像丢失了瞄准镜一般，全队连续投丢 27 个三分球的状况让人震惊。**

勇士队则凭借着稳定的发挥和库里在第三节单节 14 分的狂飙瞬间扳回了比分，并在第四节中将分差持续扩大，直到以 101 ∶ 92 拿下西部决赛的生死战。

比赛结束后，哈登直接返回了更衣室。整个西部决赛的 7 场比赛，哈登交出了场均 28.7 分、5.6 个篮板、6 次助攻的成绩，投篮命中率 41.5%，三分命中率 24.4%，场均失误 4.9 次，最后 3 场比赛他的三分球一共 36 投 6 中。

也许，他更想逃离的，是那个在西部决赛中不够完美的自己。

尽管火箭队功败垂成，但能够与勇士队大战到这个地步，已经证明了火箭队的强大。

2018 年 6 月 27 日，NBA 官方在颁奖礼上宣布：哈登当选 2017–2018 赛季常规赛 MVP，这是他职业生涯首次当选常规赛 MVP，他也成为自 1993–1994 赛季的奥拉朱旺后首个获得常规赛 MVP 的火箭队球员。

早在 10 年前，哈登就酝酿着自己成为王者的理想，在他的成长历程中，他见证了科比在湖人队的辉煌。2011 年 NBA 停摆期间，哈登曾和科比在德鲁联赛的赛场相遇，那场比赛最终演变成了一场一对一的斗牛表演赛。最终，哈登拿到 44 分，科比则砍下 45 分，并且命中了制胜球。

那场比赛之后，虽然哈登的话语间无不流露着谦逊之情，但他也在暗地里认为，自己可以达到科比的技术高度。当时的哈登甚至不是一个首发队员，但是那时的科比已然理解哈登的志向。

科比在后来说道：“当看到哈登的眼神时，我就知道哈登已经准备好了。”

哈登曾经说过自己要成为最好的篮球运动员，尽管直到现在那句话依然显得有些大胆，但是毫无疑问，现在的哈登，就是这个赛季整个 NBA 最好的球员。

在发表获奖感言时，人们看到了哈登的阳光、孝顺和努力的一面：“所有的荣誉送给上帝，感谢 NBA，感谢前辈们为我们在 NBA 打球铺路，感谢所有帮助过我的人。感谢我的家人，我不想哭，但是她（母亲）是我的支柱，无论是顺境逆境，我们只有一次生命，我很开心她是我的妈妈，我不要其他的，真的，真的。从最佳第六人到 MVP，如果你有梦想，那就大胆去追吧！下个赛季见。”

这个赛季，哈登和保罗一起跻身西部决赛舞台后，虽然遗憾败北，但他们成为当之无愧的西部最佳后场组合。

## 第三节
# 梦幻连冠

金州勇士队的收获从 2017 年休赛期就开始了。

休赛期伊始，他们先是以五年 2.01 亿美元顶薪续约库里；夺得总冠军后心情大好的杜兰特更是令人瞠目结舌地降薪约 900 万美元，最终以两年 5300 万美元重新续约，帮助勇士队留下了伊戈达拉与利文斯顿。韦斯特和麦基的底薪续约，中锋扎扎 · 帕楚里亚只要了一年 290 万美元的“白菜价”。在保持核心阵容的情况下，勇士队在保留了全部主力轮换的同时，又补强了尼克 · 杨与卡斯比。

但或许连勇士队众位球星自己都没想到，他们的挑战会来得如此之快、如此迅猛。他们在揭幕战就以 121 ： 122 被火箭队打了个下马威。

这场比赛，只是赛季艰难险阻的一个小小预警。

2017 年 11 月，库里遭遇脚踝扭伤，“阿喀琉斯之踵”的教训让管理层不敢有丝毫的大意，让库里进入全面停战养伤的阶段。

缺少了库里的勇士队现在有了杜兰特。那一个月的勇士队，仍然

SPALDING
HARDEN
13
GOLDEN STATE
30
WARRIORS
SPALDING
NBA
@NBA
NBA
League
Pass

展现了超强的球队实力和求胜欲，杜兰特带领的球队转换了另外一种风格，以密不透风的防守和杜兰特杀人诛心的中投，一步一个脚印地迈向了胜利。虽然过程不易，但结果喜人，豪取 11 连胜的勇士队甚至一度反超了火箭队，升到了西部第一的位置。

但从 2018 年 2 月开始的伤病潮，让勇士队冲击联盟第一的难度陡然加剧。杜兰特自己也因为肋骨的伤势缺席比赛。不过，这样的困难也让科尔将团队篮球理念运用到极致，大名单的每个人都或多或少地得到了出场时间，角色球员在不同时段和方面的一招鲜，为他们季后赛的众志成城奠定了坚实的基础。

整个常规赛，杜兰特拿到了 26.4 分、6.8 个篮板、5.4 个助攻的全面数据。但也由于身在勇士队这样一个超强团队和超级系统中，他也被排挤出了 MVP 的讨论范围。

但是只要能拿到总冠军，这些得过的荣誉又算得了什么呢?

2018 年 4 月，杜兰特获得了《时代周刊》年度全球最具影响力人物荣誉。这仿佛是在提醒世人：你们看，总冠军才是一切。

季后赛开始后，勇士队迅速进入卫冕冠军的状态，面对老辣的马刺队和年轻的鹈鹕队，两个 4 ：1 的比分就将对手挑落马下。西部决赛是他们面对的最大挑战，因为对手是当季的常规赛第一、崇尚“魔球理论”的火箭队。

四年来，勇士队首次在系列赛中没有掌握主场优势，面对常规赛战绩占优、强大的火箭队，双方展开了巅峰对决。系列赛前三场，全力以赴的勇士队 2 ：1 领先，将系列赛的主动权牢牢掌握在了自己手中，然而第三战中伊戈达拉的膝盖受伤成为转折点，失去伊戈达拉的勇士队陷入了单打怪圈，杜兰特更是陷入两难的迷茫，勇士队被连扳两场以 2 ：3 落后，已然到了生死存亡的一刻。

系列赛天王山之战，保罗倾尽所有帮助火箭队取胜，却也拉伤了大腿，这位至关重要的指挥官就此停战作壁上观。在抢七大战中，人们看到了库里和杜兰特合体的最强一战，两人合砍 61 分帮助勇士队抓住机会完成了逆转。

赛后，杜兰特说：“火箭队开局打得非常有激情，但他们这样打太累了，我能感觉他们在某些时间中的疲劳，哈登运了太多的球，所以我们就通过加强防守，咬住比分，等他们投不进球的时候，就是我们超越的时候了。”

对于火箭队连续投丢的 27 个三分球，杜兰特分析认为：“火箭队在整个系列赛都有大量的跑位和换防，这大大消耗了他们的体力，不过多亏他们只命中了 7 个，这对我们来说是好事，这样我们才能晋级。”

可见，西部决赛的火箭队真的是让勇士队使出了看家本领。

相对来说，强弩之末的骑士队在总决赛中给勇士队带来的挑战反而没那么大。4 ∶ 0 横扫的比分，也反映了过程的平淡。

但这并不能磨灭杜兰特在这轮系列赛中的出色表现，特别是在第三场中，他几乎一战封神，让整个联盟都觉得，他将从詹姆斯手中接过“联盟第一人”的权杖。

库里和汤普森这对“水花兄弟”在这场比赛中投篮大大失准，特别是库里，三分球 10 投仅有 1 中，但勇士队依旧以 110 ∶ 102 战胜了骑士队，他们所依仗的就是砍下 43 分、13 个篮板、7 次助攻，开启“死神模式”的杜兰特，他以 62.5% 的投篮命中率和 66.7% 的三分命中率，将这场比赛定义为生涯的又一个代表作。

**勇士队的主教练科尔在赛后说:“世界上没有人可以像杜兰特一样，命中这些难以置信的投篮。”**

在总决赛开始前，展望比赛的杜兰特曾表示:“每次对阵詹姆斯时，就像进入了另一个级别的比赛一样，会有很多事需要做，但也要享受过程。”

现在更收放自如的杜兰特，的确开始能享受比赛所带来的荣耀和篮球真正的乐趣了。

the TOWN
35

# 第四节
# 十字路口

相比于过去三年，勇士队、骑士队牢牢掌控着联盟秩序，2017-2018 赛季从一开始，剧情走向就完全进入另一个轨道。

在西部，由于火箭队的异军突起和勇士队自身伤病潮的影响，勇士队在进入 2018 年 3 月时就逐渐退出了西部头名的争夺。而火箭队井喷般的强势爆发，与“灯泡组合”联手驱动的火箭队新体系展现的惊人威力直接相关。

我们看到了一个常规赛中无敌的火箭队和哈登的最强状态，但季后赛的失利，直接暴露出了火箭队的两个弱点：一是过于依赖三分球；二是在需要咬牙的关键时刻，哈登始终还是欠缺再硬气一下的真核魄力。

这个赛季的哈登向人们展现了认真起来的他能达到什么样的高度。不过，究竟这种纪律性是昙花一现还是与日俱增，大家都未可知。特别是在一些比赛中，当哈登拥有无限开火权和球权时，随意和任性的情绪时有出现，手风不顺时，猛增的打铁和失误也变得格外抢眼。

火箭队前主教练麦克海尔就明确表示:“哈登具备超级巨星的能力，却没有球队的领袖气质。”虽然气质是一种很玄的东西，但这往往就是关键时刻阻碍人登顶的最后一级台阶。

相比于哈登偶尔的“软”，威斯布鲁克更受困于他的“刚”。

每一场比赛，威斯布鲁克都带着没有明天的信念去打，他像中锋、大前锋一样摘板，冲起来全然不顾自己的身体，加速运起球来就像一辆轰鸣的跑车。曾经有位记者问威斯布鲁克：“你觉得自己在球场上有多高大？”身高 1.91 米、体重 90.7 千克的他回答说：“那要看球队需要我有多高大。”

这种愿意全情付出的性格，注定他不会轻易信任新加入者，也不会轻易改变自己。

所以，虽然这个赛季有乔治和安东尼的倾情加入，威斯布鲁克也做出了不少让队友融入的努力，但是多年来直来直往的惯性已经形成，并不是口头说说就能改变的。

**眼下对雷霆队挑战更大的还在于他们就要爆炸的工资单。**

巨额奢侈税的付出，是俄克拉荷马城这样的一个小球市无力持续负担的，所以“三巨头”注定是个为期只有一个赛季的短暂实验。不成功，则打散，是必然的结局走向。

2018–2019 赛季的雷霆队，如果只剩下威斯布鲁克和乔治，他们能更好地兼容吗？究竟威斯布鲁克要如何改变才能跨越西部首轮？这些未知都将留在下个赛季找到答案。

对于杜兰特来说，他什么都有了，总冠军和 FMVP，而且都是蝉联。但在他敏感纤细的内心里，队友和球迷真心的认可，也是他所看重的东西。不过，在别人的母队做到这一点并不容易，所以获取詹姆斯都没做到的三连冠会是他板上钉钉的目标。

杜兰特不再是那个总冠军的挑战者，而是总冠军的拥有者；他所面临的，是其他 29 支球队的挑战。虽然勇士队已经四年三冠成就王朝，但和自己相关的，只有之后的两个。而且这个冠军由于很多人所谓的巨星抱团，认可度也大大降低。他拿到了荣誉，但是外界依然有很多声音表示：“他只是一个投敌的球员，冠军太水！勇士队是库里的球队，他没有证明自己。”

诚如 NBA 名宿球员纳什在杜兰特加盟的第二个赛季后谈到自己对于杜兰特的看法：“杜兰特确实在寻找着打球的意义，他知道荣誉不能够改变一切。”

和詹姆斯一样，杜兰特选择了出走母队的道路，虽然方式略有不同。他甚至单纯地认为他的选择无非就只是想向全世界证明自己，想让别人承认自己。首次夺冠后，没有获得更多人的认同时，他回想詹姆斯的生涯，认为这或许只是时间问题；但是再次夺冠之后，依旧没有太多的改变，谩骂声反而大了起来，这就让他开始陷入了自我怀疑。

巨额降薪后的杜兰特站在了十字路口，接下来他想要的究竟是属

于自己的队伍、最精妙的篮球、足够好的比赛，还是别的什么。虽然这些可以等拿到三连冠之后再考虑，但这将无疑让杜兰特带着复杂的心绪进入新赛季。

**2017–2018 赛季终了，杜兰特蝉联了总冠军和 FMVP；威斯布鲁克成为 NBA 历史上常规赛首位连续两个赛季的三双王，还揽下了生涯首个助攻王；哈登获得了他的第一个常规赛 MVP 和得分王。**他们所得到的奖杯与头衔越多，就越让曾经的雷霆队球迷惆怅。忍不住畅想：如果他们还在一起，如今的雷霆队会是何般模样？但至少，勇士队和火箭队的球迷不会这么想。因为在他们看来，两枝高墙内的鲜花，是靠墙外的人才识得了它们真正的芬芳。

BROOKLYN
13

第八章

# 岐路人生 以始为终

## 第一节 魔鬼诱惑

加入勇士队之后，杜兰特连续拿到两个总冠军、两个总决赛MVP。如果说当初他出走雷霆队是因为篮球理念上的原因，那么就篮球本身来说，杜兰特已经成功了。但冠军并未带来自己风评上的扭转，实在也是因为某些时候杜兰特自己所谓的“真性情”之举。

他不止一次公开批评雷霆队前队友。2017 年 9 月，杜兰特用小号在社交媒体上和网友激情互怼，情急之下称雷霆队的前队友不过是些阿猫阿狗。2018 年 4 月，他还被网友爆料出点赞了批评威斯布鲁克的言论，一时舆论哗然。

如果说人们尚能理解杜兰特离开雷霆队是出于职业生涯的艰难抉择，那上述种种的低情商表现则让人觉得他难担“联盟门面”的大任。持这样想法的人中，不乏勇士队的球迷和他的现队友。

在杜兰特加盟前，库里是勇士队的绝对核心。杜兰特到来之后立刻取代库里，打出了更好的数据，也把库里比下去，连拿两个总决赛

MVP。虽然出身优渥的篮球世家、大度达观的库里并不那么在意，还公开表示了对杜兰特的支持，但仍有一些勇士队球迷对杜兰特不满，认为是他抢走了库里的FMVP，冷嘲热讽说地：“抱团而来的雇佣兵杜兰特不过是个借了勇士队光的‘小偷’。”

类似的言论对个性敏感脆弱的杜兰特影响很大，而且他本身是个处理问题简单直接的人。面对外界的压力和质疑时，他往往无法用积极的方式去面对和化解。在赛季开始前，杜兰特在被媒体问道是否还会像去年夏天那样降薪1000万美金的时候，他直接表达出来自己的情绪，说：“1000万？这会是个聪明的决定吗？去年夏天我认为降薪是个不错的选择，但是我不能，对我来说那可不是一个好的先例。现在，他们会想着继续占我便宜，我了解这档子生意，所以我也要处理好我自己的生意。”

整个2018–2019赛季，关于杜兰特会不会离开勇士队、如果离开会选择去哪里的猜测，变成了被外界反复猜测的话题。但人们倾向认为，宣布正式跳出合同的杜兰特，最有可能的选择仍然是从勇士队追求一份4年顶薪；而最终断绝了他这个念头的导火索，恐怕正是勇士队中一贯口无遮拦的德拉蒙德·格林。

2018年11月，勇士队与快船队的一场常规赛中，杜兰特与格林

在常规时间最后一球的处理上发生了争吵。当时杜兰特告诉格林，只要把球传给他就好，这刺激到了刚刚将最后一球搞砸了的格林，直接对着杜兰特喷起了脏话，他连续骂了杜兰特几句“婊子”，随后冲着杜兰特吼道：“我们不需要你。没有你我们也夺冠了。滚！”

在很多人看来，格林的无名之火似乎有点莫名其妙。但考虑到杜兰特的自由球员市场选择，对于志在卫冕三连冠的勇士队球员来说像是个禁忌的情况，也不难理解。不同于同样面临马上进入自由球员市场的克莱和格林，杜兰特从未谈到这件事，只是明确表示要专注于本赛季，不想让其他人分心。格林却认为杜兰特已经因为自由球员的事情为自己造势，减少了对于三连冠的专注。

虽然勇士队众将都纷纷批评格林的失格言语，球队也立即对他进

行了队内禁赛的严厉处罚以安抚杜兰特的情绪，但一直觉得在勇士队总被库里无形的领袖氛围压制的杜兰特，他的自尊和骄傲被格林这根“轻蔑的稻草”重重压倒，这加速了他选择离开勇士队的步伐。

进入 2019 年之后，关于杜兰特自由市场选择的脉络也变得逐渐清晰起来。

首先是在全明星周末期间，杜兰特和好友欧文往来甚密，全明星周末之后，他们还一起去了迈阿密。在那之后，ESPN 记者文霍斯特报道称：“杜兰特和欧文的关系变得前所未有的亲密，两个人每天都会通话，最起码也会互发短信。”一切迹象都表明：这对今年夏天合同同时到期的好朋友正在酝酿一个“大计划”。

到了 4 月份，包括勇士队球员在内的大部分人已经相信杜兰特会在夏天跳出合同加盟尼克斯队，“The Athletic”记者弗兰克 · 伊索拉更是在他的文章中提到：欧文和杜兰特已经在开始讨论谁先跟尼克斯队签约的问题。

在此期间，杜兰特曾在一次回应外界“没有杜兰特的勇士队更强”的说法时表示：“人们不把我当勇士队球员看。”5 月，他甚至将湾区的房子挂牌出售，并在纽约置办了新的房产。

勇士队内部也察觉到了所有这些动向，球队管理层花了很多时间想要弄清楚杜兰特为什么在这里过得不开心，但很显然，这个时候他们能做的已经不多。

不过无论杜兰特做何选择，努力争取最有诱惑力的三连冠是2018–2019 赛季最为坚定不移的目标。

总的来说，杜兰特的身体状态不错，在 2019 年只缺席了 4 场常规赛的比赛。他真正的“伤病”始于西区半决赛和火箭队的第五战。那场比赛打到第三节还剩 2 分钟时，杜兰特底线附近跳投命中，但落地时左腿受伤提前离场，赛后诊断为小腿拉伤。

杜兰特的这次受伤，一开始并未得到足够的重视。乐观的意见认为，如果勇士队能顺利晋级，他将有可能在西部决赛当中复出。而且由于在他受伤之后，勇士队连胜五场，轻松杀进总决赛，当时甚至有一种论调认为，没有杜兰特的勇士队才是真正的勇士队。

名嘴斯基普 · 贝勒斯就曾在节目中表示：“这个星球上最好的球员现在受伤了，但这却是这支勇士队所能经历的最好的事情。在他缺阵期间，球队切换回了 73 胜 9 负时的模式。”

可事实很快证明了杜兰特的伤情要比勇士队一开始预想的严重，他的归期一拖再拖，在确定无法出战总决赛第一战后，福克斯体育的克里斯 · 布鲁萨德扬言，杜兰特将无法出战这次总决赛。

各方消息也似乎在不断印证这一预测。勇士队主教练科尔在接受采访时承认，杜兰特在总决赛能否复出无法确定，而来自勇士队内部的消息源则表示：“如果这是常规赛，杜兰特还将缺阵数周。”

但杜兰特自己并未放弃复出的努力，不断试探着身体的反应，但直到系列赛打完四场，勇士队已经 1 ∶ 3 被逼到绝境，他仍然没能恢

DURANT
35
KD

复到理想状态。ESPN 记者布莱恩 · 文霍斯特当时曾有报道称：“杜兰特参加了一次训练，但他的身体并没有准备好，训练师没信心，他自己也没信心，勇士队对此感到沮丧。”

几乎与此同时，“The Athletic”记者萨姆 · 阿米克也报道称，杜兰特的一再伤停，在一些队友之间引起了“困惑和焦虑”，在总决赛第四战缺席之后，“愤怒的情绪进一步加剧”。

或许，勇士队球员并没有真正想向杜兰特施加影响，但方方面面的干扰，以及三连冠卫冕的压力，一定程度上左右了杜兰特的决定。于是在总决赛的第五场，杜兰特在并未完全做好准备的情况下，贸然复出。结果比赛仅仅打到第二节，人们最担心的事情发生了。

当时杜兰特在无身体接触的一次进攻中摔倒，马上捂住了右侧小腿——而这正是他之前受伤的部位，通过杜兰特受伤的情形以及他当时脸上复杂的表情，所有人都知道，问题要比上一次严重得多。

杜兰特立即被送回更衣室，经过简单的检查后，他穿着保护靴，在拐杖的帮助下离开了球馆。赛后，勇士队总经理鲍勃 · 迈尔斯含着

泪向媒体确认，杜兰特是跟腱受伤。最终的详细诊断结果显示，杜兰特右腿跟腱断裂，这可能是一名篮球运动员所能遭遇的最具毁灭性的伤病。

杜兰特很快完成了手术，并且基本确定会至少休战一年。但由这次伤病引起的舆论风波，仍然不断酝酿发酵了好一段时间。直到最后，杜兰特亲自表态：“是自己坚持要在总决赛第五场复出，这次受伤不能怪勇士队。”这场论战才算告一段落。

在杜兰特受伤之后，勇士队仍然表态愿意与他续签五年顶薪，但杜兰特还是以篮网队球员身份开启了 2019–2020 赛季。在此期间，曾经有过一些关于杜兰特可能会在本赛季复出的声音，但最终他本人在 2019 年 10 月末一次参加 ESPN 节目时彻底堵死了这种可能性。

令人感慨的是，同行和球迷的尊重，这些杜兰特拼尽全力用冠军和奖杯都没赢得的事，靠他的一条跟腱换来了。没人知道付出这样的代价后，是否让杜兰特开始去思索、去理解：在篮球世界和人们内心的天秤中，更看重的到底是什么？

**不过，不管爱他还是恨他，所有人想再见到杜兰特披挂整齐地出现在篮球场上，最早也要等到 2020 年了。**

# 第二节 时代终结

2017–2018 赛季雷霆队交了 2540 万美元的奢侈税，而 2018–2019 赛季的雷霆队有一份更为昂贵的工资单。阵中有 4 人年薪超过 2000 万美金，其中，威斯布鲁克 3535 万美元，乔治 3056 万美元，安东尼 2793 万美元，史蒂文·亚当斯 2416 万美元。所以交易走上个赛季表现平平的安东尼、节省 6000 万的奢侈税势在必行。

虽然只相处了短短一个赛季，安东尼实际上很享受在雷霆队打球的时光，被交易去老鹰队也是和平分手。在参加节目时，安东尼讲述了他在雷霆队的一个赛季经历。“就我个人而言，我真的很享受在雷霆队的时光。就像那支球队一样，我很喜欢。和那些家伙在一起，我很享受。你知道，我们没有做到我们应该做的事，目标是和那支球队一起赢。我们没有这样做，我们没有达到目标。”安东尼这样评价他和威斯布鲁克、乔治的组合时说道。

新的赛季，雷霆队重现的控球后卫与小前锋搭档的双子星模式，从“三巨头”变成了威斯布鲁克开始与乔治的“二人转”，球权的问

题因为少了一个需要分配的单打点变得容易很多。

这个夏天的乔治做出了他人生中的重要选择，他选择了相信自己和威斯布鲁克，乔治自己打出了具有生涯代表意义的一个赛季，他在常规赛后入选了最佳阵容和最佳防守阵容的双一阵。而威斯布鲁克也获得了前无古人，很有可能也是后无来者的连续三个赛季场均三双。

但仔细看看威斯布鲁克的数据，不得不让人咋舌。在投篮上，他的三分命中率 29.0%，中距离投篮命中率 35.8%，篮下终结命中率 65.0%，罚球命中率 65.6%。除了达到生涯最高的篮下命中率和不错的助攻失误比之外，威斯布鲁克各项数据都在下降。他在向一名组织者的身份转移，虽然依然保持着足够高的篮下终结力，但他就是无法将球投入篮筐之中，在这个篮球空间化的年代，这是致命的。

但雷霆队员们似乎没有充分意识到这个问题，他们虽然进入季后赛的排名不过第六位，但是对手开拓者队在赛季最后时刻损失掉内线支柱努尔基奇，雷霆队处在了一个相对有利的位置上，被大家普遍看好。但形势大好之下，他们在这个系列赛也只拿下了一场胜利便被开拓者队淘汰出局。

雷霆队与开拓者队之间第五场比赛的最后八秒，利拉德持球，站在开拓者队球场中心队标前，单打乔治。当时间倒数到最后 3 秒时，两队球员，包括乔治和所有观众都已经意识到他要做什么了。

运球，后撤步，起跳，出手！

超过 10 米的一记超远三分球应声落网，时间刚好走完。

**利拉德落地，抬起右手，对着雷霆队替补席摆摆手——再见！**

谁都不会想到，雷霆队会以如此刻骨铭心的方式，告别了 2018–2019 赛季季后赛的舞台。

这个系列赛中，威斯布鲁克在攻防两端被利拉德和开拓者队完全遏制，经历了职业生涯状态最差、最耻辱的一个季后赛。我们无从了解赛季前的关节镜手术是否影响了他的协调能力，但在没受重伤、没

丢球权的情况下，突然失去的投篮能力让对手可以肆无忌惮地对他做出最有的放矢的布防。杜兰特离开后，雷霆队连续第三个赛季在季后赛首轮草草出局。

2018–2019 赛季的火箭队，本来被人们寄予厚望，可以再进一步。

但“灯泡组合”的蜜月期显然结束得太快。总的来说，就是保罗的身体能力下降得太快，而哈登的篮球大局阅读能力又上升得太慢。用 ESPN 记者麦克马洪的话说，哈登和保罗之间的矛盾，除了球权与打法争执之外，其本质是：保罗想要指导哈登，而哈登传递的态度是“你甚至打不败你的对位人，所以闭嘴看我打球好了”。

本赛季，保罗多项数据、命中率都创生涯新低，因伤缺席 24 场。他的胜利贡献值只有 6.6，而卡佩拉是 10.8，哈登是 15.2，与此同时，他拿着球队最高的工资。这个赛季，很多比赛是靠哈登打出后乔丹时代最强个人得分表演才将火箭队拖出泥潭。

虽然哈登在强大之外也有问题，而且保罗所持的“哈登应该加强无球”的意见很是中肯，但他提出意见的时机与方式值得商榷，哈登也习惯了将他的话当成耳旁风。

保罗曾多次建议德安东尼丰富战术，比如在哈登持球的时候别人要增加跑动，而在哈登不持球的时候，他自己也要多跑动，哈登厌倦了保罗的喋喋不休。在保罗持球的时候，哈登几乎不会参与到火箭队的进攻中去。这一情况后来发展到每当保罗拿球，哈登可能都不会来到对方的半场，这也就是球迷们经常诟病的“场上散步”。

吵吵闹闹了一个赛季后，火箭队还是凭借实力的基本盘以常规赛第四名的成绩进入了季后赛，跨过了首轮爵士队之后，他们迎来了老对手勇士队。

**在这个系列赛中，火箭队将大比分追到 2 ： 2 平后，杜兰特在天王山之战受伤，火箭队迎来了弯道超车的最好时机。**

但在关键的西部半决赛第六场，哈登和保罗在比赛中就已经开始争吵了，他们争吵的焦点主要集中在一次进攻战术中的站位。当时场上的一位球员向著名的 NBA 记者布莱恩 · 温德霍斯特透露了哈登和保罗的争吵内容：“保罗冲着哈登吼叫，而哈登转头对保罗回击说‘你就是喜欢搞事情’！”

两人的矛盾从爆发到升级，竟然出现在如此重要的一个系列中，火箭队也由此以 2 ： 4 的比分再次被勇士队淘汰。

这个赛季常规赛哈登场均 36.1 分，荣膺 2018-2019 赛季 NBA 得分王，入选赛季 NBA 最佳阵容一阵。

但他在季后赛中的成绩，反而还退了一大步。

看起来，无论是哈登的搭档保罗，还是威斯布鲁克的搭档乔治，一个是惊涛拍岸，一个是暗流涌动，两对搭档的拆伙都箭在

弦上。

但没人想到，首先引发变局的是科怀·伦纳德。伦纳德在猛龙队夺冠后选择回归洛杉矶加盟快船队，他为自己选定的理想搭档是保罗·乔治。在与一直期待回家的乔治沟通后，乔治向雷霆队提出交易申请，这让原本还计划继续补强的雷霆队，只能突然转变策略，促成了一笔震惊联盟的大交易。

在此次交易中，乔治被送到洛杉矶快船队，快船队则送出了亚历山大、加里纳利、5 个首轮选秀权以及 2 个选秀权互换的权利。这笔交易之所以让全联盟感到震惊，主要是因为乔治的离队消息太过突然。要知道他刚刚加盟了雷霆队两个赛季，并且在雷霆队打完一年之后已经跟雷霆队续下了长约。他之前还表示，要长期留守雷霆队，跟威斯布鲁克一起打“兄弟篮球”。但是仅仅在做出承诺一个赛季之后，乔治就提出了交易申请，让人猝不及防。

交易走乔治的同时，雷霆队与威斯布鲁克进行了关于球队未来的沟通。已经 30 岁的他，自然不能陪雷霆队慢慢摆烂和重建，他的职业生涯还未品尝过总冠军的滋味。此时，正与保罗在火箭队闹得不可开交的哈登，看到了交易来好兄弟的机会，便点名要求球队把威斯布鲁克交易到火箭队。就这样，火箭队和雷霆队再次进行了互换交易，火箭队为了把年迈的保罗那份还剩两年到期的四年 1.6 亿美元的大合同交易出去，付出了 2 个首轮选球权和 2 个首轮互换权；而他们换来的正是“雷霆三少”中最后一位坚守者——威斯布鲁克。

**自此之后，“雷霆三少”时代正式宣告终结。**

# 第三节
# 故人重聚

威斯布鲁克前去火箭队，联手哈登，在火箭队高层看来更有前景。因为从年龄和巅峰期来看，威斯布鲁克和哈登的组合会比保罗和哈登的组合要好。

在现如今需要靠天赋来赢得总冠军的联盟中，火箭队一直强调天赋的重要性，并且认为威斯布鲁克极具天赋。他们相信威斯布鲁克能发挥出自己的优势，并且在哈登身边能取得成功。

至于两人配合时的球权分配问题，火箭队内部人士透露，他们初步规划的想法是：威斯布鲁克和哈登的出场时间将会错开，类似于之前使用保罗和哈登一样。

也有不甚乐观的观察家认为，威斯布鲁克跟哈登的这个组合并没有火箭队想得那么乐观。他们两个都是联盟当中球权使用率最高的球员，同时也是 NBA 当中较为出色的控球手，只不过威斯布鲁克跟哈登对比起来，很多数据都有雷霆队特殊体系的加成。另外，火箭队的进攻大部分都围绕外线布设三分球，这是他们最为习惯的主要得分手

段。但威斯布鲁克上个赛季的三分球命中率只有 29%。而且，哈登、威斯布鲁克都是联盟中的场均失误大户，能否解决外线命中率低和失误率高的问题，也是火箭队能否走远的关键。

赛季开始后，这一对老朋友的组合就开始了磕磕绊绊的磨合。除了打法上的原因，两者之间的身份、地位、习惯的球队文化不同都是带来冲突和矛盾的要点。毕竟现在的哈登已经不是当年在雷霆队给威斯布鲁克打下手的哈登了。

来到火箭队之前，威斯布鲁克与哈登一样是享有诸多特权的当家球员，比如可以迟到、缺席训练、请假等等，但威斯布鲁克对自己的要求很严格，从来没有使用过这些特权。但在火箭队，情况却大不相同。

因为新冠肺炎疫情的影响，2019–2020 赛季的 NBA 在奥兰多园区复赛之后，每场比赛前球员们都要接受检测。球队为了帮助球员度过无聊的检测时间，会统一播放电影或者视频短片。哈登经常是最后一个赶来的人，球队必须等待哈登到来之后，才能开始放电影，如果有人敢提前播放电影或者视频短片，那么哈登到来之后，会要求从头开始播放。只有一次威斯布鲁克来得比哈登晚了几分钟，哈登表现出极度不耐烦，并且大声告诉工作人员：“为什么不去播放短片？我们开始吧，不要再等他了。”

习惯了雷霆队一板一眼球队文化的威斯布鲁克，来到火箭队之后发现几乎全队都没有守时的意识。虽然他对此难以忍受，但考虑到不同球队的特质不同，还是咬牙坚持了下来。但最触及威斯布鲁克底线的问题是：他曾多次向教练提出，想要打出自己的特点，比如冲击篮下、中投等等，但德安东尼却以哈登是所有战术的发起点为由不予考虑，这让威斯布鲁克在这种体系中打球十分不舒服。

在这种别扭中，他们迎来了新冠肺炎疫情期间特殊的季后赛。首轮的对手，正是拥有保罗的雷霆队。雷霆队的青年军在保罗的调教和

率领下，打得有板有眼。火箭队淘汰雷霆队的过程并不轻松，在大比分 2 ：0 领先的情况下，苦战七场才获得晋级资格。无论是哈登还是威斯布鲁克，如果首轮输给雷霆队，那无论是面对被他们抛弃的搭档还是诀别的母队，都会成为外界嗤笑的最大谈资。

次轮遭遇詹姆斯和“浓眉哥”戴维斯领衔的湖人队，火箭队已经没了还手之力，除了第一场凭借三板斧以 112 ：97 拿下以外，被湖人队连扳四场。哈登和威斯布鲁克这两位双 MVP 的后场组合也止步于此。

**哈登需要一位外线投手，而不是控球后卫，而威斯布鲁克需要的则肯定不是一个需要自己配合做定点炮台的领袖。**

2020 年休赛季，火箭队接连更换主教练以及总经理。威斯布鲁克职业生涯第一次主动提出了交易申请。火箭队方面把威斯布鲁克的离队请求看作是焉知非福，立即开始在联盟中大范围的为他寻找下家。

彼时，火箭队认为交易走威斯布鲁克给了球队一个再次让哈登感到开心的机会。此前，哈登曾多次威胁火箭队，表示如果不能给他配备足够的人员来夺冠，那么他极有可能会选择离队。火箭队管理层在得知这个消息后，马上就行动了起来，在联盟中到处兜售威斯布鲁克，最后才如愿和奇才队互换来了沃尔。

多位火箭队球员认为，哈登想要的只是夺冠。在哈登合同到期前，火箭队需要向哈登证明他们是最适合帮他夺冠的球队。

这个交易，对于哈登和威斯布鲁克来说都是一种解脱。

交易官宣后，威斯布鲁克在社交媒体发文表示了对火箭队的感谢："我想要感谢休斯敦的球迷们接纳了我和我的家人。我想要感谢火箭队的每个工作人员，谢谢他们相信我的能力，相信我能为火箭队做出贡献。他们让我在火箭队过得很愉快。我期待着和奇才队在新赛季翻开新的篇章，期待着回到场上。相信我回到丰田中心时，一定可以打出让哈登惊讶的数据，感谢喜欢我的球迷们！"

## 第四节 一声叹息

2020年是混乱的一年，对于各行各业都是如此。NBA的比赛进程被新冠肺炎疫情打乱，即便是在停赛期间，不少球员和他们的家属也都纷纷传出了感染病毒的消息。杜兰特和威斯布鲁克两人也分别感染过新冠肺炎，但好在他们的身体素质良好，医疗条件也较一般人更为优越，痊愈后的他们基本没有留下任何后遗症。

新的赛季，除了哈登启程于熟悉的丰田中心，杜兰特和威斯布鲁克都将在新的城市和赛场开始比赛。

杜兰特所在的篮网队，有与他一直关系不错的欧文，但欧文同样是一个心思细腻敏感的球员，而且还很有自成体系的一套世界观。按照篮网队账面的阵容来说，他们在控球后卫的位置上实力最强，拥有曾经的总冠军控卫欧文和上赛季表现出色的丁威迪。但他们的软肋在于，无法承受丁威迪的任何闪失，因为欧文是一个以进攻为主的后卫，没有丁威迪的组织，球队的进攻会乱成一锅粥。当年在骑士队时连詹姆斯面子都不给的欧文，到了篮网队真的能和杜兰特有效配合吗？谋生的环境、亟待建立的体系，即便篮网队可以挥舞支票本为杜兰特签来他想要的帮手，但毕竟篮球是一场五个人的游戏，需要球员之间深度的信任和体系的支撑。杜兰特不是詹姆斯，他首次自组球队，能在纽约获得成功吗？

哈登虽然留守休斯敦，但整个休赛季最为闹腾的火箭队几乎被翻了个底儿朝天。管理层核心发生动荡，哈登方面也半是威胁半是认真地散出要求离开火箭队的流言。2020 年的隔离复赛，火箭队在西部半决赛中输给了湖人队令他难以接受。对于自己的带队能力，哈登肯定也进行了重新的评估。毕竟他也是一名 31 岁的球员了，如果还没法凭借自己的力量夺得冠军，那出走火箭队，寻求巨星组队，似乎也成了职业生涯末段的理性选择。

休赛期中，杜兰特和哈登这对雷霆队故人在曼巴学院共同训练时，

半是认真半是玩笑地讨论，说眼下他们似乎正是互相需要的时候，那么两人是否还有再在一起打球、争夺总冠军的可能呢？显然，他们都很期待。

在杜兰特的促动下，交易日截止前，篮网队向火箭队首先提供了交换哈登的报价：丁威迪、勒维尔、阿伦、普林斯以及选秀权。这份报价在当时看起来十分优厚，杜兰特和哈登当时几乎笃定这笔交易肯定能够达成，但是火箭队却狮子大开口索要杜兰特和欧文其中的一人，最终造成了交易的搁浅。

心灰意冷的哈登，开始了与火箭队的“非暴力不合作”。在赛场外，他故意不顾隔离禁令大肆参加派对，并自己授权媒体进行拍摄报道；在训练场上，他和队友泰特发生冲突，两人险些直接动手。以上种种，目的就是为了向火箭队管理层表明自己想离开的坚决态度。

2021 年 1 月，在两天内连续大比分输给夺冠大热门湖人队后，哈登在记者发布会上说，他觉得他一直爱休斯敦这座城市，他在休斯敦的八九年时间里已经付出了所有，但是如今情况变得非常疯狂，火箭队和顶级强队之间确实存在着明显的差距，情况已经无法改变。

在这样一番话后，所有人都明白了，哈登已经不想为火箭队打球了。

认识到哈登的态度不可逆转的火箭队执行力超强，不到 24 小时就拉一个四方交易送走了哈登，得到了奥拉迪波、艾克萨姆和大量的选秀权，但这些筹码与他们之前和篮网队的谈判相比，已是大幅贬值。

进入篮网队的哈登，在经历了短暂的磨合后，与杜兰特和欧文创造了几乎是 NBA 历史上最高效的进攻，每百回合得分达到了恐怖的 120 分。篮网队目前取得的近 68% 的常规赛胜率是球队历史上的最佳战绩。他们三人目前场均得分都在 25 分以上，只要拿到机会，任何一人都能进入统治比赛的状态。

篮网队目前唯一可以称得上破绽的，就是球队的外线防守。如果他们能在季后赛堵上这一仅存的漏洞，杜兰特和哈登首次联手，可能会书写出一个美好的结局。

相比之下，从休斯敦远赴华盛顿、去奇才队投奔早年授业恩师布鲁克斯的威斯布鲁克则在生涯的下半程颇感萧索寂寥。

虽然布鲁克斯非常了解威斯布鲁克，可以激发威少的潜力，威斯布鲁克也希望自己可以回到雷霆队独当一面的打法。但不得不说，威斯布鲁克成长过程中的种种痼疾和生涯初期布鲁克斯的教导不当有着很大的关系。

奇才队不是雷霆队，他们不像雷霆队欠威少一个“一人独守一城”的深重人情。当威斯布鲁克再次陷入数据掠夺惯性，进入得分、篮板、助攻一把抓的状态，不理会球队是否赢球的时候，布鲁克斯并不足以证明他能够驾驭威斯布鲁克。

事实也验证了外界早前的担忧。奇才队在新赛季开始的时候陷入了威斯布鲁克数据好、球队就输球；威斯布鲁克数据差、球队却赢球的尴尬怪圈。多年的征战伤病以及与陌生人员的配合，让进入状态慢、需要靠着组织和突破维持准全明星或全明星级表现的威斯布鲁克举步维艰，再加上投射硬伤，让他在奇才队的日子备受煎熬，球队也一度排名东部垫底、一片灰暗。

但威斯布鲁克毕竟是威斯布鲁克，他用自己不服输的精神感染着搭档、队友，也威慑着对手，赛季进入半程以后，他逐渐迎来了自己球感和场感的回暖，成为比尔可以信赖的组织后卫，自己的数据也逐步接近于场均三双的水准。

天知道，这样的成绩，现在的威斯布鲁克需要付出多少的努力。“雷霆三少”的故事，起始于鲜衣怒马的少年岁月，以横空出世的惊雷一般闪耀联盟，横跨了热火队和勇士队主导联盟的两大时代。但它们不是恒星般的马刺队，也不是有着超强短时间闪烁动能的独行侠队、猛龙队。在这个时代中，他们三人都拿到了象征个人赛季最高荣誉的MVP，是对他们单兵作战能力的最大认可。但他们没有用一个三人合体的总冠军为自己在篮球体系中的天赋正名。

历史的数据告诉我们，健康的雷霆队三人组合可以打到总决赛，杜兰特、威斯布鲁克的组合可以进到分区决赛，哈登、威斯布鲁克的组合可以进入分区半决赛。那么如果是杜兰特、哈登呢，他们又会把自己的团队带到什么样的位置？他们有可能组合在一起，再给联盟献上一个惊喜吗？

在他们的生涯早期，虽然成长在雷霆队这样有秩序、有规划的球队中，但他们始终没能碰到一位更有战术素养的大师级导师，在年少时形成了很多在成熟以后依然影响他们的战术缺陷，在很多关键时刻，影响他们再进一步成为像詹姆斯、科比一样的现象级球员。

对于拥有篮球天空最闪烁星光的联盟来说，有“雷霆三少”一般的开篇和过程，可能是天纵奇才的新秀们最华丽的梦想。识于微时，在一座安静而偏僻的小城共同成长；但因为机缘和造化弄人，他们并没能一起走过自己生涯中最好的岁月。他们所经历的一切，那些横生的枝蔓与纠缠，那些伟大的荣耀与刻骨的失败，那些让他们留下了深入骨髓记忆的爱与恨、笑与泪的神力，汇聚在一起叫作命运。

可能，对于他们来说，最好的结局，也不是在一起，而是没忘记过你。

如果时空穿梭能让杜兰特、威斯布鲁克和哈登重返他们的选秀夜，如果篮球之神可以在冥冥中发出声音，可能会用郑重而缓慢的调子向他们提示说:“孩子，你所来的这个地方会给你们一个无比辉煌的前程，

你会认识两个非常好的兄弟，开始并肩而行。你在这里会收获到掌声喝彩、万人拥戴，也会面对唾骂不齿、千夫所指；当然，还有任何职业体育圈子都会有的伤病打击和内外交困。你们各自都至少有一个无与伦比的赛季。你们中有的人交换了自己最宝贵的东西捧得了总冠军，有的人也许流浪到生涯暮年都与总冠军无缘。但无论是哪一种，你们永远无法三个人一起获得一个总冠军。这样的一趟旅程，你是否有勇气愿意前来？”你猜，他们是会愿意相信这个预言，还是会选择逆天改命呢？

# 结尾

凯文·杜兰特，拉塞尔·威斯布鲁克，詹姆斯·哈登，他们在一起能创造怎样的奇迹？

这个问题，从最初的满怀期待到后来的心有不甘，始终停驻在球迷的身边，永远找寻不到最终的答案。俄克拉荷马城雷霆队本来是联盟青年军的榜样，是球队重建的模板——连续三年选中三个具有巨星潜力的年轻人，事后证明他们三个确实也都是MVP级别的顶级球星。雷霆队本应该书写如洛杉矶湖人队、金州勇士队或者圣安东尼奥马刺队那样的王朝传说，他们本应该拿到“不止一个，也不止两个、三个……”的总冠军。

眼看他起朱楼，眼看他宴宾客，眼看他楼塌了。在这废墟之上，你很难不去追问，这支本该拥有光明前途的球队是从哪里开始行差踏错。

回头看看，放弃哈登当然是最差的决定。当年，哈登要价6000万美元，雷霆队不愿意出超过5400万美元，哈登的态度其实是可以谈，但这个时候火箭队递过来筹码，雷霆队觉得不错，于是没跟哈登商量就直接选择了交易。这在当时就是极让人震惊的：雷霆队刚刚闯进总决赛，哈登在季后赛前三轮里都表现出色，他们的夺冠之路显然还有很长，他们完全可以从容地磨炼球队、挑选拼图，继续冲冠，而不是像急着交代后事一般草率地送走自己队里最重要的球员之一。这场交易过后，不仅球队实力大减，而且球员与球队管理层的信任关系也难免出现裂痕。

时代的巨变也是关键因素之一。在“雷霆三少”成熟起来的时期，社交媒体的兴起和硅谷投资热潮的再度来临，加上电视转播权新一轮签约带来的球员薪酬猛涨，这一切都让 NBA 巨星获得了前所未有的影响力。有史以来第一次，球员不再是球队之间斗法的棋子，他们拥有了成为玩家的资本，他们现在可以坐到台面上来打牌了。

没有人继续谈论什么忠诚，杜兰特甚至也放弃了传统巨星所谓的“我的球队我做主”的坚持，而是玩起了“打不过就加入”的战略，加入了库里所在的金州勇士队。同时哈登在火箭队的地位可谓予取予求，管理层几乎无法制约他。而最后还留在雷霆队的威斯布鲁克，终于过了“保鲜期”，被决定再次重建的雷霆队送走。

他们都依然是联盟顶级球星，三个人都拿过 MVP，杜兰特还捧回了奥布莱恩杯。哈登和威斯布鲁克曾经在火箭队联手，如今哈登转投篮网队，又与杜兰特并肩作战。从个人角度上来说，他们的职业生涯都非常成功，他们也都过上了富有又幸福的生活，并没有辜负他们最初的梦想。

但我们依然遗憾。就算他们以后都能拿到总冠军，或者有朝一日，他们三人可能又会重聚在某支球队，再续上当年的缘分，我们仍然会感到遗憾。那一场我们见证着酝酿在云间的雷霆，最终没能声震人间，只剩下一声叹息。

附录

# 登峰造极

# 小档案

## 个人介绍 >>>

中文名：凯文 · 杜兰特

外文名：Kevin Durant

绰号：阿杜、死神、狼蛛

国籍：美国

出生日期：1988 年 9 月 29 日

身高：2.08 米

体重：108.9 千克

## 参加选秀 >>>

2007 年首轮第 2 顺位被超音速队选中

## 凯文 · 杜兰特 Kevin Durant

### >> 效力球队 <<

超音速队、雷霆队、勇士队、篮网队

### >> 球衣号码 <<

35 号、7 号

# 生涯荣誉

两次总冠军：2016-2017 赛季、2017-2018 赛季

两次总决赛 MVP：2016-2017 赛季、2017-2018 赛季

一次常规赛 MVP：2013-2014 赛季

两次全明星 MVP：2011-2012 赛季、2018-2019 赛季

11 次全明星

6 次赛季最佳阵容第一队

3 次赛季最佳阵容第二队

4 次得分王：2009-2010 赛季、2010-2011 赛季、2011-2012 赛季、2013-2014 赛季

最佳新秀：2007-2008 赛季

最佳新秀阵容第一队：2007-2008 赛季

新秀挑战赛 MVP：2008-2009 赛季

两次奥运会冠军：2012 年、2016 年

篮球世界杯冠军：2010 年

篮球世界杯 MVP：2010 年

# 常规赛数据

| 赛季 | 球队 | 出场场次 | 首发次数 | 出场时间 | 命中率 |
|---|---|---|---|---|---|
| 2007-2008 | 超音速队 | 80 | 80 | 34.6 | 43.0% |
| 2008-2009 | 雷霆队 | 74 | 74 | 39.0 | 47.6% |
| 2009-2010 | 雷霆队 | 82 | 82 | 39.5 | 47.6% |
| 2010-2011 | 雷霆队 | 78 | 78 | 38.9 | 46.2% |
| 2011-2012 | 雷霆队 | 66 | 66 | 38.6 | 49.6% |
| 2012-2013 | 雷霆队 | 81 | 81 | 38.5 | 51.0% |
| 2013-2014 | 雷霆队 | 81 | 81 | 38.5 | 50.3% |
| 2014-2015 | 雷霆队 | 27 | 27 | 33.8 | 51.0% |
| 2015-2016 | 雷霆队 | 72 | 72 | 35.8 | 50.5% |
| 2016-2017 | 勇士队 | 62 | 62 | 33.4 | 53.7% |
| 2017-2018 | 勇士队 | 68 | 68 | 34.2 | 51.6% |
| 2018-2019 | 勇士队 | 78 | 78 | 34.6 | 52.1% |
| 2019-2020 | 篮网队 | 因伤缺席整个赛季 | | | |
| 2020-2021 | 篮网队 | 35 | 32 | 33.1 | 53.7% |
| 生涯数据 | | 884 | 881 | 36.7 | 49.4% |

# 季后赛数据

| 赛季 | 球队 | 出场场次 | 首发次数 | 出场时间 | 命中率 |
|---|---|---|---|---|---|
| 2009-2010 | 雷霆队 | 6 | 6 | 38.5 | 35.0% |
| 2010-2011 | 雷霆队 | 17 | 17 | 42.5 | 44.9% |
| 2011-2012 | 雷霆队 | 20 | 20 | 41.9 | 51.7% |
| 2012-2013 | 雷霆队 | 11 | 11 | 44.1 | 45.5% |
| 2013-2014 | 雷霆队 | 19 | 19 | 42.9 | 46.0% |
| 2015-2016 | 雷霆队 | 18 | 18 | 40.3 | 43.0% |
| 2016-2017 | 勇士队 | 15 | 15 | 35.5 | 55.6% |
| 2017-2018 | 勇士队 | 21 | 21 | 38.4 | 48.7% |
| 2018-2019 | 勇士队 | 12 | 12 | 36.8 | 51.4% |
| 生涯数据 | | 139 | 139 | 40.3 | 47.5% |

| 三分命中率 | 篮板 | 助攻 | 抢断 | 盖帽 | 失误 | 得分 |
|---|---|---|---|---|---|---|
| 28.8% | 4.4 | 2.4 | 1.0 | 0.9 | 2.9 | 20.3 |
| 42.2% | 6.5 | 2.8 | 1.3 | 0.7 | 3.0 | 25.3 |
| 36.5% | 7.6 | 2.8 | 1.4 | 1.0 | 3.3 | 30.1 |
| 35.0% | 6.8 | 2.7 | 1.1 | 1.0 | 2.8 | 27.7 |
| 38.7% | 8.0 | 3.5 | 1.3 | 1.2 | 3.8 | 28.0 |
| 41.6% | 7.9 | 4.6 | 1.4 | 1.3 | 3.5 | 28.1 |
| 39.1% | 7.4 | 5.5 | 1.3 | 0.7 | 3.5 | 32.0 |
| 40.3% | 6.6 | 4.1 | 0.9 | 0.9 | 2.7 | 25.4 |
| 38.7% | 8.2 | 5.0 | 1.0 | 1.2 | 3.5 | 28.2 |
| 37.5% | 8.3 | 4.8 | 1.1 | 1.6 | 2.2 | 25.1 |
| 41.9% | 6.8 | 5.4 | 0.7 | 1.8 | 3.0 | 26.4 |
| 35.3% | 6.4 | 5.9 | 0.7 | 1.1 | 2.9 | 26.0 |
| | | | | | | |
| 45.0% | 7.1 | 5.6 | 0.7 | 1.3 | 3.4 | 26.9 |
| 38.4% | 7.1 | 4.2 | 1.1 | 1.1 | 3.1 | 27.0 |

截至 2020-2021 赛季结束

| 三分命中率 | 篮板 | 助攻 | 抢断 | 盖帽 | 失误 | 得分 |
|---|---|---|---|---|---|---|
| 28.6% | 7.7 | 2.3 | 0.5 | 1.3 | 3.7 | 25.0 |
| 33.9% | 8.2 | 2.8 | 0.9 | 1.1 | 2.5 | 28.6 |
| 37.3% | 7.4 | 3.7 | 1.5 | 1.2 | 3.2 | 28.5 |
| 31.4% | 9.0 | 6.3 | 1.3 | 1.1 | 3.9 | 30.8 |
| 34.4% | 8.9 | 3.9 | 1.0 | 1.3 | 3.8 | 29.6 |
| 28.2% | 7.1 | 3.3 | 1.0 | 1.0 | 3.6 | 28.4 |
| 44.2% | 7.9 | 4.3 | 0.8 | 1.3 | 2.5 | 28.5 |
| 34.1% | 7.8 | 4.7 | 0.7 | 1.2 | 2.4 | 29.0 |
| 43.8% | 4.9 | 4.5 | 1.1 | 1.0 | 3.6 | 32.3 |
| 35.2% | 7.7 | 4.0 | 1.0 | 1.2 | 3.2 | 29.1 |

截至 2019-2020 赛季结束

# 全明星赛数据

| 赛季 | 球队 | 出场情况 | 命中率 | 篮板 | 助攻 | 抢断 | 盖帽 | 失误 | 得分 |
|---|---|---|---|---|---|---|---|---|---|
| **2009-2010** | 雷霆队 | 替补 | 50.0% | 5 | 0 | 0 | 0 | 2 | 15 |
| **2010-2011** | 雷霆队 | 首发 | 47.8% | 3 | 2 | 2 | 2 | 0 | 34 |
| **2011-2012** | 雷霆队 | 首发 | 56.0% | 7 | 3 | 3 | 0 | 2 | 36 |
| **2012-2013** | 雷霆队 | 首发 | 54.2% | 6 | 1 | 2 | 0 | 0 | 30 |
| **2013-2014** | 雷霆队 | 首发 | 51.9% | 10 | 6 | 1 | 0 | 1 | 38 |
| **2014-2015** | 雷霆队 | 替补 | 16.7% | 3 | 1 | 1 | 0 | 2 | 3 |
| **2015-2016** | 雷霆队 | 首发 | 61.1% | 5 | 7 | 2 | 0 | 0 | 23 |
| **2016-2017** | 勇士队 | 首发 | 56.3% | 10 | 10 | 2 | 0 | 0 | 21 |
| **2017-2018** | 勇士队 | 首发 | 53.8% | 6 | 5 | 3 | 1 | 2 | 19 |
| **2018-2019** | 勇士队 | 首发 | 66.7% | 7 | 2 | 1 | 2 | 2 | 31 |
| **2020-2021** | 篮网队 | 伤缺 | | | | | | | |
| **总计** | | | | 62 | 37 | 17 | 5 | 11 | 250 |

截至 2020–2021 赛季结束

# 梦之队核武器

在 NBA 赛场化身“死神”的杜兰特，在国际赛场是“核武器”。2010 年篮球世界杯，杜兰特首次为国出征，场均贡献 22.8 分，投篮命中率 55.6%，三分球命中率 45.6%，带领美国队 9 战全胜获得冠军。在 3 场淘汰赛中，杜兰特场均 33 分，投篮命中率是惊人的 71%。杜兰特 2010 年篮球世界杯总计获得 205 分，打破了美国队球员篮球世界杯得分纪录，当选赛事 MVP。

杜兰特在 2012 年第一次踏上奥运赛场，场均贡献 19.5 分，作为队内得分王带领美国队 8 战全胜获得金牌。在决赛对西班牙队的比赛中，杜兰特轰下 30 分，他在 2012 年奥运会拿到 156 分，创美国队球员单届奥运会得分新高。

2016 年奥运会，杜兰特再次披挂上阵，以场均 19.4 分的表现再度领跑美国队得分榜，投篮命中率 57.8%，三分球命中率 58.1%，带队以 8 战全胜的战绩实现卫冕。在对塞尔维亚队的金牌之争中，杜兰特拿下 30 分。凭借在奥运会上的杰出表现，杜兰特当选 2016 年美国篮球最佳男子运动员。

NBA
WEST
35
ALL·STAR

BKLYN
NETS
7

# 小档案

## 个人介绍 >>>

中文名：拉塞尔 · 威斯布鲁克

外文名：Russell Westbrook

绰号：威少

国籍：美国

出生日期：1988 年 11 月 12 日

身高：1.91 米

体重：90.7 千克

## 参加选秀 >>>

2008 年首轮第 4 顺位
被雷霆队选中

## 拉塞尔 · 威斯布鲁克 Russell Westbrook

### >> 效力球队 <<

雷霆队、火箭队、奇才队

### >> 球衣号码 <<

0 号、4 号

# 生涯荣誉

一次常规赛 MVP：2016-2017 赛季

两次全明星 MVP：2014-2015 赛季、2015-2016 赛季

9 次全明星

2 次赛季最佳阵容第一队

5 次赛季最佳阵容第二队

2 次赛季最佳阵容第三队

两次得分王：2014-2015 赛季、2016-2017 赛季

两次助攻王：2017-2018 赛季、2018-2019 赛季

最佳新秀阵容第一队：2008-2009 赛季

奥运会冠军：2012 年

篮球世界杯冠军：2010 年

# 常规赛数据

| 赛季 | 球队 | 出场场次 | 首发次数 | 出场时间 | 命中率 |
| --- | --- | --- | --- | --- | --- |
| 2008-2009 | 雷霆队 | 82 | 65 | 32.5 | 39.8% |
| 2009-2010 | 雷霆队 | 82 | 82 | 34.3 | 41.8% |
| 2010-2011 | 雷霆队 | 82 | 82 | 34.7 | 44.2% |
| 2011-2012 | 雷霆队 | 66 | 66 | 35.3 | 45.7% |
| 2012-2013 | 雷霆队 | 82 | 82 | 34.9 | 43.8% |
| 2013-2014 | 雷霆队 | 46 | 46 | 30.7 | 43.7% |
| 2014-2015 | 雷霆队 | 67 | 67 | 34.4 | 42.6% |
| 2015-2016 | 雷霆队 | 80 | 80 | 34.4 | 45.4% |
| 2016-2017 | 雷霆队 | 81 | 81 | 34.6 | 42.5% |
| 2017-2018 | 雷霆队 | 80 | 80 | 36.4 | 44.9% |
| 2018-2019 | 雷霆队 | 73 | 73 | 36.0 | 42.8% |
| 2019-2020 | 火箭队 | 57 | 57 | 35.9 | 47.2% |
| 2020-2021 | 奇才队 | 65 | 65 | 36.4 | 43.9% |
| 生涯数据 | | 943 | 926 | 34.7 | 43.7% |

# 季后赛数据

| 赛季 | 球队 | 出场场次 | 首发次数 | 出场时间 | 命中率 |
| --- | --- | --- | --- | --- | --- |
| 2009-2010 | 雷霆队 | 6 | 6 | 35.3 | 47.3% |
| 2010-2011 | 雷霆队 | 17 | 17 | 37.5 | 39.4% |
| 2011-2012 | 雷霆队 | 20 | 20 | 38.4 | 43.5% |
| 2012-2013 | 雷霆队 | 2 | 2 | 34.0 | 41.5% |
| 2013-2014 | 雷霆队 | 19 | 19 | 38.7 | 42.0% |
| 2015-2016 | 雷霆队 | 18 | 18 | 37.4 | 40.5% |
| 2016-2017 | 雷霆队 | 5 | 5 | 38.8 | 38.8% |
| 2017-2018 | 雷霆队 | 6 | 6 | 39.2 | 39.8% |
| 2018-2019 | 雷霆队 | 5 | 5 | 39.4 | 36.0% |
| 2019-2020 | 火箭队 | 8 | 8 | 32.8 | 42.1% |
| 生涯数据 | | 106 | 106 | 37.6 | 41.1% |

| 三分命中率 | 篮板 | 助攻 | 抢断 | 盖帽 | 失误 | 得分 |
|---|---|---|---|---|---|---|
| 27.1% | 4.9 | 5.3 | 1.3 | 0.2 | 3.3 | 15.3 |
| 22.1% | 4.9 | 8.0 | 1.3 | 0.4 | 3.3 | 16.1 |
| 33.0% | 4.6 | 8.2 | 1.9 | 0.4 | 3.9 | 21.9 |
| 31.6% | 4.6 | 5.5 | 1.7 | 0.3 | 3.6 | 23.6 |
| 32.3% | 5.2 | 7.4 | 1.8 | 0.3 | 3.3 | 23.2 |
| 31.8% | 5.7 | 6.9 | 1.9 | 0.2 | 3.8 | 21.8 |
| 29.9% | 7.3 | 8.6 | 2.1 | 0.2 | 4.4 | 28.1 |
| 29.6% | 7.8 | 10.4 | 2.0 | 0.3 | 4.3 | 23.5 |
| 34.3% | 10.7 | 10.4 | 1.6 | 0.4 | 5.4 | 31.6 |
| 29.8% | 10.1 | 10.3 | 1.8 | 0.3 | 4.8 | 25.4 |
| 29.0% | 11.1 | 10.7 | 1.9 | 0.5 | 4.5 | 22.9 |
| 25.8% | 7.9 | 7.0 | 1.6 | 0.4 | 4.5 | 27.2 |
| 31.5% | 11.5 | 11.7 | 1.4 | 0.4 | 4.8 | 22.2 |
| 30.5% | 7.4 | 8.5 | 1.7 | 0.3 | 4.1 | 23.2 |

截至 2020–2021 赛季结束

| 三分命中率 | 篮板 | 助攻 | 抢断 | 盖帽 | 失误 | 得分 |
|---|---|---|---|---|---|---|
| 41.7% | 6.0 | 6.0 | 1.7 | 0.2 | 2.3 | 20.5 |
| 29.2% | 5.4 | 6.4 | 1.4 | 0.4 | 4.6 | 23.8 |
| 27.7% | 5.5 | 5.9 | 1.6 | 0.4 | 2.3 | 23.1 |
| 22.2% | 6.5 | 7.0 | 3.0 | 0.0 | 4.0 | 24.0 |
| 28.0% | 7.3 | 8.1 | 2.2 | 0.3 | 4.4 | 26.7 |
| 32.4% | 6.9 | 11.0 | 2.6 | 0.1 | 4.3 | 26.0 |
| 26.5% | 11.6 | 10.8 | 2.4 | 0.4 | 6.0 | 37.4 |
| 35.7% | 12.0 | 7.5 | 1.5 | 0.0 | 5.2 | 29.3 |
| 32.4% | 8.8 | 10.6 | 1.0 | 0.6 | 4.6 | 22.8 |
| 24.2% | 7.0 | 4.6 | 1.5 | 0.3 | 3.8 | 17.9 |
| 29.8% | 7.0 | 7.7 | 1.8 | 0.3 | 4.0 | 24.8 |

截至 2019–2020 赛季结束

# 全明星赛数据

| 赛季 | 球队 | 出场情况 | 命中率 | 篮板 | 助攻 | 抢断 | 盖帽 | 失误 | 得分 |
|---|---|---|---|---|---|---|---|---|---|
| **2010-2011** | 雷霆队 | 替补 | 50.0% | 5 | 2 | 0 | 0 | 0 | 12 |
| **2011-2012** | 雷霆队 | 替补 | 58.8% | 5 | 2 | 2 | 0 | 1 | 21 |
| **2012-2013** | 雷霆队 | 替补 | 53.8% | 4 | 3 | 1 | 0 | 2 | 14 |
| **2014-2015** | 雷霆队 | 替补 | 57.1% | 5 | 1 | 3 | 0 | 1 | 41 |
| **2015-2016** | 雷霆队 | 首发 | 52.2% | 8 | 5 | 5 | 0 | 3 | 31 |
| **2016-2017** | 雷霆队 | 替补 | 61.5% | 5 | 7 | 1 | 0 | 2 | 41 |
| **2017-2018** | 雷霆队 | 首发 | 36.4% | 8 | 8 | 0 | 0 | 2 | 11 |
| **2018-2019** | 雷霆队 | 替补 | 40.0% | 4 | 3 | 1 | 0 | 1 | 17 |
| **2019-2020** | 火箭队 | 替补 | 20.0% | 3 | 3 | 0 | 0 | 1 | 6 |
| **总计** | | | | 47 | 34 | 13 | 0 | 13 | 194 |

截至 2019–2020 赛季结束

# 梦之队双金战将

2010 年篮球世界杯，威斯布鲁克披上美国队战袍。那届美国队主打小个阵容，技术全面的威斯布鲁克成为球队核心阵容成员，场均得分与助攻都位列队内前三，帮助球队以 9 战全胜的完美战绩登上冠军之巅。

在篮球世界杯的 3 场淘汰赛中，威斯布鲁克场均得到 12.3 分，三分球命中率 60%，罚球命中率 100%，助推美国队一路过关顺利夺金。这是美国队自 1994 年后首次获得篮球世界杯冠军，美国队超过阿根廷队重返国际篮联排行榜第一位。

2012 年奥运会，威斯布鲁克再度征战国际赛场，8 场比赛全部告捷，威少实现了篮球世界杯与奥运会双金牌。虽然 2012 年奥运会美国队大牌云集，但威斯布鲁克仍有星中之星的不俗表现，他在对尼日利亚队的比赛中出战 14 分钟就拿到 21 分，两分球 4 投 4 中，三分球 4 中 3，防守端贡献 3 次抢断。

NBA
KIA
2015
NBA ALL★STAR GAME
MOST VALUABLE PLAYER
adidas
NYC 15
0

GEICO
washington
4
dc

# 小档案

## 个人介绍 >>>

中文名：詹姆斯 · 哈登

外文名：James Harden

绰号：大胡子、登哥

国籍：美国

出生日期：1989 年 8 月 26 日

身高：1.96 米

体重：99.8 千克

## 参加选秀 >>>

2009 年首轮第 3 顺位被雷霆队选中

## 詹姆斯 · 哈登 James Harden

### >> 效力球队 <<

雷霆队、火箭队、篮网队

### >> 球衣号码 <<

13 号

# 生涯荣誉

一次常规赛 MVP：2017–2018 赛季

9 次全明星

6 次赛季最佳阵容第一队

1 次赛季最佳阵容第三队

3 次得分王：2017–2018 赛季、2018–2019 赛季、2019–2020 赛季

1 次助攻王：2016–2017 赛季

最佳第六人：2011–2012 赛季

奥运会冠军：2012 年

篮球世界杯冠军：2014 年

# 常规赛数据

| 赛季 | 球队 | 出场场次 | 首发次数 | 出场时间 | 命中率 |
|---|---|---|---|---|---|
| 2009-2010 | 雷霆队 | 76 | 0 | 22.9 | 40.3% |
| 2010-2011 | 雷霆队 | 82 | 5 | 26.7 | 43.6% |
| 2011-2012 | 雷霆队 | 62 | 2 | 31.4 | 49.1% |
| 2012-2013 | 火箭队 | 78 | 78 | 38.3 | 43.8% |
| 2013-2014 | 火箭队 | 73 | 73 | 38.0 | 45.6% |
| 2014-2015 | 火箭队 | 81 | 81 | 36.8 | 44.0% |
| 2015-2016 | 火箭队 | 82 | 82 | 38.1 | 43.9% |
| 2016-2017 | 火箭队 | 81 | 81 | 36.4 | 44.0% |
| 2017-2018 | 火箭队 | 72 | 72 | 35.4 | 44.9% |
| 2018-2019 | 火箭队 | 78 | 78 | 36.8 | 44.2% |
| 2019-2020 | 火箭队 | 68 | 68 | 36.5 | 44.4% |
| 2020-2021 | 火箭队 | 8 | 8 | 36.3 | 44.4% |
| 2020-2021 | 篮网队 | 36 | 35 | 36.6 | 47.1% |
| 生涯数据 | | 877 | 663 | 34.4 | 44.4% |

# 季后赛数据

| 赛季 | 球队 | 出场场次 | 首发次数 | 出场时间 | 命中率 |
|---|---|---|---|---|---|
| 2009-2010 | 雷霆队 | 6 | 0 | 20.0 | 38.7% |
| 2010-2011 | 雷霆队 | 17 | 0 | 31.6 | 47.5% |
| 2011-2012 | 雷霆队 | 20 | 0 | 31.5 | 43.5% |
| 2012-2013 | 火箭队 | 6 | 6 | 40.5 | 39.1% |
| 2013-2014 | 火箭队 | 6 | 6 | 43.8 | 37.6% |
| 2014-2015 | 火箭队 | 17 | 17 | 37.4 | 43.9% |
| 2015-2016 | 火箭队 | 5 | 5 | 38.6 | 41.0% |
| 2016-2017 | 火箭队 | 11 | 11 | 37.0 | 41.3% |
| 2017-2018 | 火箭队 | 17 | 17 | 36.5 | 41.0% |
| 2018-2019 | 火箭队 | 11 | 11 | 38.5 | 41.3% |
| 2019-2020 | 火箭队 | 12 | 12 | 37.3 | 47.8% |
| 生涯数据 | | 128 | 85 | 35.3 | 42.5% |

| 三分命中率 | 篮板 | 助攻 | 抢断 | 盖帽 | 失误 | 得分 |
|---|---|---|---|---|---|---|
| 37.5% | 3.2 | 1.8 | 1.1 | 0.3 | 1.4 | 9.9 |
| 34.9% | 3.1 | 2.1 | 1.1 | 0.3 | 1.3 | 12.2 |
| 39.0% | 4.1 | 3.7 | 1.0 | 0.2 | 2.2 | 16.8 |
| 36.8% | 4.9 | 5.8 | 1.8 | 0.5 | 3.8 | 25.9 |
| 36.6% | 4.7 | 6.1 | 1.6 | 0.4 | 3.6 | 25.4 |
| 37.5% | 5.7 | 7.0 | 1.9 | 0.7 | 4.0 | 27.4 |
| 35.9% | 6.1 | 7.5 | 1.7 | 0.6 | 4.6 | 29.0 |
| 34.7% | 8.1 | 11.2 | 1.5 | 0.5 | 5.7 | 29.1 |
| 36.7% | 5.4 | 8.8 | 1.8 | 0.7 | 4.4 | 30.4 |
| 36.8% | 6.6 | 7.5 | 2.0 | 0.7 | 5.0 | 36.1 |
| 35.5% | 6.6 | 7.5 | 1.8 | 0.9 | 4.5 | 34.3 |
| 34.7% | 5.1 | 10.4 | 0.9 | 0.8 | 4.3 | 24.8 |
| 36.6% | 8.5 | 10.9 | 1.3 | 0.8 | 4.0 | 24.6 |
| 36.3% | 5.5 | 6.5 | 1.6 | 0.5 | 3.7 | 25.1 |

截至 2020–2021 赛季结束

| 三分命中率 | 篮板 | 助攻 | 抢断 | 盖帽 | 失误 | 得分 |
|---|---|---|---|---|---|---|
| 37.5% | 2.5 | 1.8 | 1.0 | 0.2 | 0.5 | 7.7 |
| 30.3% | 5.4 | 3.6 | 1.2 | 0.8 | 1.6 | 13.0 |
| 41.0% | 5.1 | 3.4 | 1.6 | 0.1 | 2.1 | 16.3 |
| 34.1% | 6.7 | 4.5 | 2.0 | 1.0 | 4.5 | 26.3 |
| 29.6% | 4.7 | 5.8 | 2.0 | 0.2 | 3.5 | 26.8 |
| 38.3% | 5.7 | 7.5 | 1.6 | 0.4 | 4.5 | 27.2 |
| 31.0% | 5.2 | 7.6 | 2.4 | 0.2 | 5.2 | 26.6 |
| 27.8% | 5.5 | 8.5 | 1.9 | 0.5 | 5.4 | 28.5 |
| 29.9% | 5.2 | 6.8 | 2.2 | 0.6 | 3.8 | 28.6 |
| 35.0% | 6.9 | 6.6 | 2.2 | 0.9 | 4.6 | 31.6 |
| 33.3% | 5.6 | 7.7 | 1.5 | 0.8 | 3.8 | 29.6 |
| 33.0% | 5.4 | 5.8 | 1.7 | 0.5 | 3.5 | 23.5 |

截至 2019–2020 赛季结束

# 全明星赛数据

| 赛季 | 球队 | 出场情况 | 命中率 | 篮板 | 助攻 | 抢断 | 盖帽 | 失误 | 得分 |
|---|---|---|---|---|---|---|---|---|---|
| **2012-2013** | 火箭队 | 替补 | 46.2% | 6 | 3 | 0 | 0 | 2 | 15 |
| **2013-2014** | 火箭队 | 首发 | 42.9% | 1 | 5 | 1 | 0 | 2 | 8 |
| **2014-2015** | 火箭队 | 首发 | 68.8% | 8 | 8 | 2 | 0 | 4 | 29 |
| **2015-2016** | 火箭队 | 替补 | 57.1% | 4 | 3 | 0 | 0 | 1 | 23 |
| **2016-2017** | 火箭队 | 首发 | 44.4% | 7 | 12 | 0 | 0 | 10 | 12 |
| **2017-2018** | 火箭队 | 首发 | 26.3% | 7 | 8 | 1 | 1 | 3 | 12 |
| **2018-2019** | 火箭队 | 首发 | 30.8% | 4 | 3 | 1 | 0 | 3 | 12 |
| **2019-2020** | 火箭队 | 首发 | 33.3% | 3 | 6 | 1 | 2 | 2 | 11 |
| **2020-2021** | 篮网队 | 替补 | 50.0% | 2 | 4 | 1 | 0 | 3 | 21 |
| **总计** | | | | 42 | 52 | 7 | 3 | 30 | 143 |

截至 2020–2021 赛季结束

## 梦之队双冠王

哈登在 2012 年首次出征奥运会，他打出了很高的比赛效率，两分球命中率达到 78.6%，帮助美国队获得奥运会金牌。

2014 年篮球世界杯，哈登再次为国征战，场均得到 14.2 分，成为美国队本届比赛的得分王，两分球命中率 59.2%，三分球命中率 41.4%。

在对塞尔维亚队的决赛中，哈登两分球 6 投 5 中，三分球 5 中 3，轻松摘下 23 分，带领美国队拿下金牌，哈登实现了奥运会与篮球世界杯双冠。

BROOKLY
13
NETS
B

雷霆三少

ZB 直笔巨献

典藏版

直笔体育巨星系列

# 三少荣光

管超 编著

北京时代华文书局

# 雷霆三少

如果凯文·杜兰特、拉塞尔·威斯布鲁克、詹姆斯·哈登没有分开，雷霆队会成为一个王朝球队吗？

这是NBA最引人遐想的疑问之一，只因他们三人太优秀了。

2014年至2018年，NBA产生5座常规赛MVP奖杯，其中三座属于杜兰特、威斯布鲁克与哈登。

2010年至2020年，NBA产生11个常规赛得分王头衔，其中9个分属于杜兰特、威斯布鲁克与哈登。

2010年至2020年，杜兰特、威斯布鲁克与哈登，总计14次入选赛季最佳阵容一队，29次进入全明星。

这就是为什么“雷霆三少”会带来扣人心弦的王朝猜想，他们在分开后以各自的方式统领着篮球时代，若是合体，是不是所向披靡？

这个问题或许没有答案了，却也因他们的卓越，留下了无尽的想象空间。

杜兰特是这个时代，甚至整个NBA历史上顶级的得分手之一。杜兰特在NBA生涯前七年，拿了四个得分王，包括一次得分榜三连霸，他是一部进攻百科全书，可以用你想到的任何进攻方式将球送入篮筐。

对于杜兰特的进攻，有一个经典的评价：很多时候，他能否投进，只取决于他的手感。

在勇士队夺冠，是杜兰特职业生涯的一次洗礼，他从得分

# 统领时代

机器，转变为无差别攻守一体的小球时代终极解码。

来到篮网队，是杜兰特冲破伤病阴霾后的重新起航，健康的杜兰特，依旧是当世篮坛让对手难寻“解题”方式的杀手。

杜兰特球风飘逸洒脱，威斯布鲁克则是刚猛无俦。杜兰特得分如探囊取物，威斯布鲁克三双拿得随心所欲。在威斯布鲁克之前，NBA 历史上仅出现过一次赛季场均三双，而他却能连续三年做到。

现在，威斯布鲁克正在向生涯第四次赛季场均三双进发。将昔日的不可思议，变成如今的信手拈来，这就是威斯布鲁克的不同凡响之处。

在“雷霆三少”中，哈登是“三弟”，他不同于“大哥”的飘逸绝伦，也不同于“二哥”的血脉偾张，而是另辟蹊径，自引潮流。

论进攻，哈登曾连续三年加冕得分王；论传球，哈登拿过助攻王；论全能，哈登不仅是三双专家，还是 NBA 历史上唯一得分 60+ 三双拥有者。

“大哥”得分砍瓜切菜；“二哥”三双手到擒来；“三弟”则是兼收两位“兄长”的技能，结合自身的特点，在篮球武林开宗立派。

合则傲视天下，分则各领风骚，这就是“雷霆三少”。

THUNDER
0
THUNDER
13
THUNDER
35

# 目录

CONTENTS ▼

## 华山论剑



## 快意恩仇



## 侠肝义胆



## 盖世神功

PK

# 华山论剑

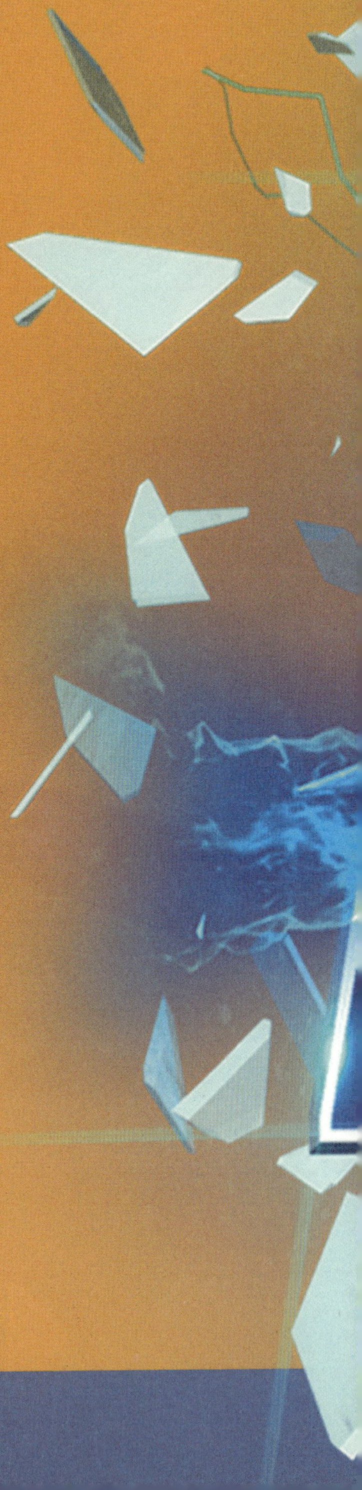

# 杜兰特

## 十大巅峰战役

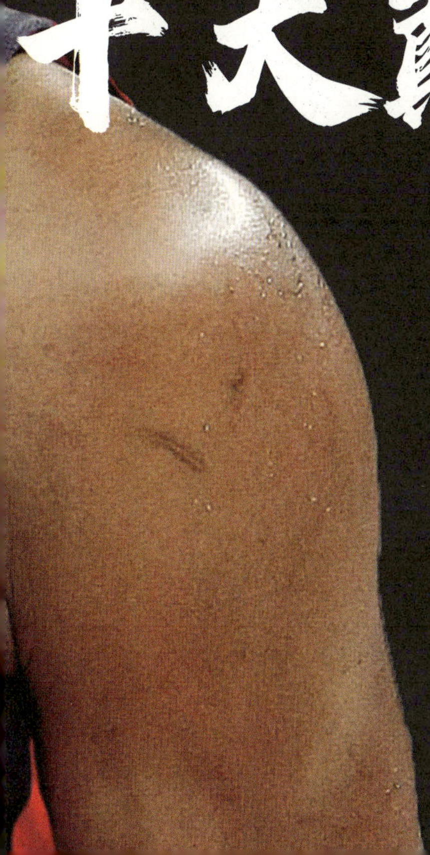

## 01 斩落三双两冠加冕

2018 年 6 月 8 日，总决赛第四场，杜兰特交出 20 分 12 个篮板 10 次助攻的三双成绩单，带领勇士队以 108 ： 85 大胜骑士队，总比分 4 ： 0 完成横扫，实现两连冠，杜兰特连续第二年当选总决赛 MVP。

凯文・杜兰特（右）从比尔・拉塞尔（左）手中接过 2018 年 NBA 总决赛的奖杯。

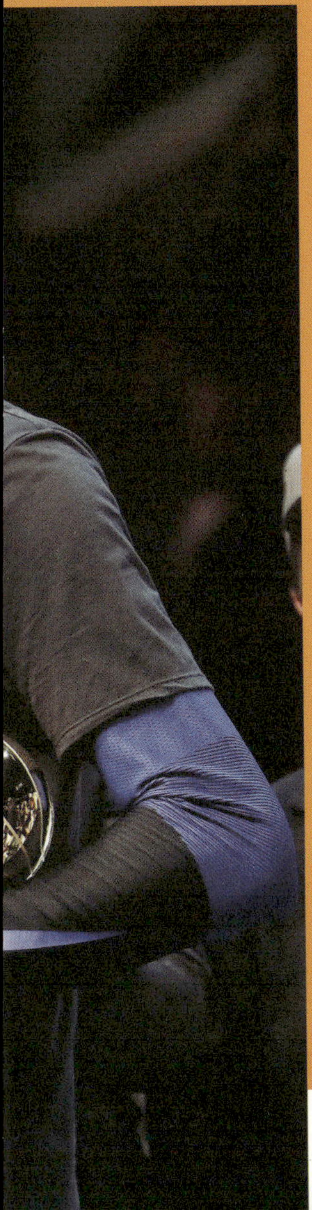

## 02 怒砍 43+13 击退“詹皇”

2018 年 6 月 6 日，总决赛第三场，詹姆斯为骑士队贡献 33 分 10 个篮板 11 次助攻，但杜兰特表现更为出色，砍下 43 分 13 个篮板 7 次助攻，终场前 49 秒远距离三分命中为勇士队锁定胜局，勇士队总比分 3 ： 0 领先，拿到总决赛赛点。

## 03 砍 39 分获生涯首冠

2017 年 6 月 12 日，杜兰特 NBA 生涯最重要的一天，在总决赛第五场，他豪取 39 分，率领勇士队以 129 ： 120 战胜骑士队，勇士队总比分 4 ： 1 夺冠，杜兰特 NBA 生涯首次登顶，首次当选总决赛 MVP。

## 04 绝命三分一剑封喉

在这场比赛之前，詹姆斯是杜兰特职业生涯难以逾越的大山，这场比赛之后，杜兰特终于破除心魔。2017 年 6 月 7 日，总决赛第三场，杜兰特全场比赛收获 31 分，第四节独取 14 分。勇士队终场前 1 分 15 秒落后 4 分，杜兰特连拿 5 分反超，面对詹姆斯的防守命中绝命三分，勇士队最终以 118 ： 113 翻盘，总比分 3 ： 0 胜券在握。

## 05 “死神”收割凿沉快船

当杜兰特挥舞起赛场“死神”的镰刀，他将攻无不克。2019 年 4 月 26 日，季后赛首轮第六场，杜兰特上半场就轰下 38 分，全场比赛打出创季后赛生涯新高的 50 分，勇士队以 129 ∶ 110 大破快船队，总比分 4 ∶ 2 晋级。

## 06 雷霆万钧生涯最高

2013–2014 赛季是杜兰特 MVP 之年，2014 年 1 月 17 日的比赛，就是验证他 MVP 水平的一战，杜兰特上半场就夺走 29 分，下半场再添 25 分，全场 54 分创 NBA 生涯纪录，雷霆队以 127 ∶ 121 力擒勇士队。

## 07 刺杀三连灭独行侠

2013 年 1 月 18 日，雷霆队与独行侠队展开激战，杜兰特在四节比赛战罢时已经入账 43 分，但他错失了绝杀，比赛被带入加时。杜兰特在加时赛没有再给对手机会，以跳投三连击将独行侠队击倒在地，雷霆队以 117 ∶ 114 取胜，杜兰特全场比赛得到 52 分。

35

## 08 席卷 51 分力挽狂澜

2012 年 2 月 19 日，雷霆队与掘金队狭路相逢，第四节结束前 30 秒雷霆队落后 5 分，杜兰特扛起球队连拿 5 分，将比赛带入加时赛，杜兰特在第四节和加时赛总计贡献 21 分，全场 51 分带队 124 ：118 获取胜利。

## 09 刀刀见血拔掉马刺

2012 年 6 月 2 日，西部决赛第四场，雷霆队总比分 1 ：2 落后，再输就落入 1 ：3 的绝境。全场比赛贡献 36 分的杜兰特，在第四节杀下 18 分，关键时刻连续投进 6 球，其中两次 2+1，率队以 109 ：103 摘下胜利，追平总比分，并最终以 4 ：2 战胜马刺队，杜兰特 NBA 生涯首次进入总决赛。

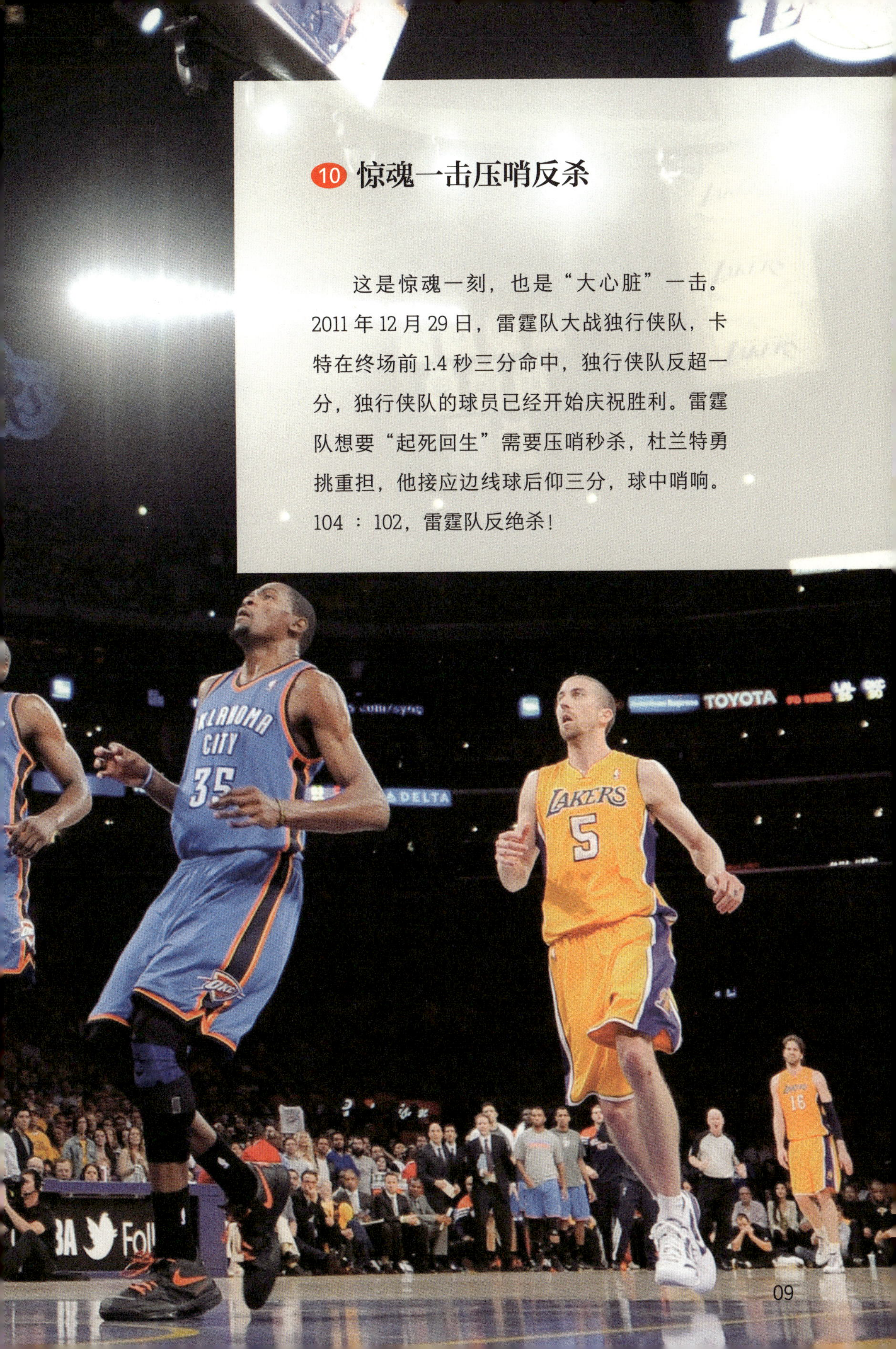


## 10 惊魂一击压哨反杀

这是惊魂一刻，也是“大心脏”一击。2011 年 12 月 29 日，雷霆队大战独行侠队，卡特在终场前 1.4 秒三分命中，独行侠队反超一分，独行侠队的球员已经开始庆祝胜利。雷霆队想要“起死回生”需要压哨秒杀，杜兰特勇挑重担，他接应边线球后仰三分，球中哨响。104 ：102，雷霆队反绝杀！

OKLAHOMA
CITY
0

# 威斯布魯克

## 十大巅峰战役

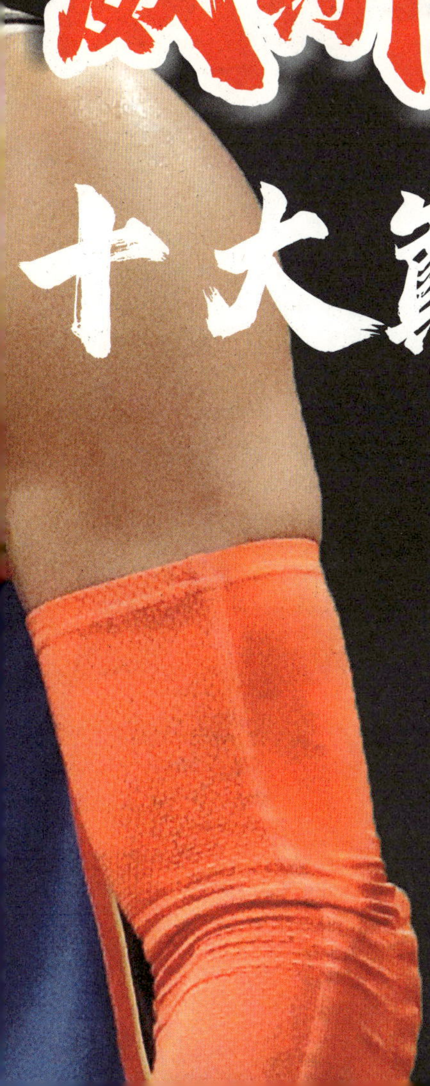

OKLAHOMA
CITY
0
SPALDING
OKC

## 01 50+ 三双“拆穿”魔术

2017 年 3 月 29 日，威斯布鲁克对魔术队狂砍 57 分 13 个篮板 11 次助攻，在第四节和加时赛夺走 26 分，雷霆队以 114 ： 106 战胜魔术队。

## 02 三双神迹创造历史

2017 年 4 月 19 日，NBA 季后赛历史首个 50+ 三双诞生，神迹创造者正是威斯布鲁克。在对阵火箭队系列赛的第二场，威斯布鲁克交出 51 分 10 个篮板 13 次助攻的华丽三双。季后赛 50+ 三双，前无古人，至今也无来者。

**51** 分

**10** 个篮板 **13** 次助攻

## 03 超级三双 + 压哨夺命

为什么威斯布鲁克是 2016–2017 赛季 MVP？这场比赛或许就是答案。2017 年 4 月 9 日，雷霆队对阵掘金队，威斯布鲁克再次砍下 50 分 16 个篮板 10 次助攻的超级三双，第四节独得 18 分。雷霆队终场前 2 分 33 秒落后 10 分，他连砍 13 分，压哨三分绝杀，雷霆队以 106 ∶ 105 涉险过关。

## 04 队史纪录生涯之巅

2017 年 3 月 7 日，威斯布鲁克在对开拓者队的比赛中轰下 58 分，比赛最后 8 分 28 秒拿到 17 分，尽管雷霆队遗憾地以 5 分之差落败，但威斯布鲁克的 58 分追平了雷霆队队史单场得分纪录，这是他 NBA 生涯单场最高分。

## 05 三项 20+ 比肩传奇

2019 年 4 月 2 日，威斯布鲁克在对湖人队的比赛中，打出了 20 分 20 个篮板 21 次助攻的惊人数据，雷霆队以 119 ∶ 103 取胜，威斯布鲁克成为 NBA 历史第二位、1968 年后首位单场打出得分 20+、篮板 20+、助攻 20+ 的球员，NBA 历史上只有威尔特 · 张伯伦与威斯布鲁克交出过这样的数据。

## 06 老骥伏枥再创奇迹

2021 年的威斯布鲁克，已是 32 岁的老兵，但他依旧继续着神奇的赛场表演。在 2021 年 3 月 29 日奇才队 132 ：124 击败步行者队的比赛中，威斯布鲁克拿到 35 分 14 个篮板 21 次助攻，成为 NBA 历史上第一位单场得分 35+、篮板 10+、助攻 20+ 的球员。

## 07 炸裂三双霸气逆转

2016 年 10 月 28 日，雷霆队 2016–2017 赛季首场主场比赛，威斯布鲁克砍下 51 分 13 个篮板 10 次助攻，带领雷霆队逆转 18 分差距，通过加时赛以 113 ：110 击落太阳队。这是威斯布鲁克 NBA 生涯首个 50+ 三双，也是 NBA 自 1975 年后首次出现 50+ 三双。

NBA

## 08 弹无虚发迅击破敌

拿三双不容易，以百分百命中率拿三双更难，威斯布鲁克是 NBA 历史上首位以投篮与罚球全中打出三双的球员，这场比赛发生在 2017 年 3 月 22 日，威斯布鲁克 6 投 6 中，罚球 6 中 6，得到 18 分 11 个篮板 14 次助攻，只打了三节就收获三双，带领雷霆队以 122 ： 97 轻取 76 人队。

## 09 三双 11 连创历史纪录

2019 年 2 月 14 日，在雷霆队对阵鹈鹕队的比赛中，威斯布鲁克拿到 44 分 14 个篮板 11 次助攻，这是他连续第 11 场比赛打出三双，威斯布鲁克是 NBA 历史上唯一做到连续三双场次达到 10+ 的球员。2018–2019 赛季是威斯布鲁克连续第三个赛季场均三双，也创造了 NBA 历史纪录。

## ⑩ 三分暴雨“猎杀”灰熊

突破是威斯布鲁克的杀招，但他也可以用其他方式将对手斩落马下，比如三分球。2017 年 4 月 5 日，威斯布鲁克在雷霆队 103 ：100 击败灰熊队的比赛中拿下 45 分 9 个篮板 10 次助攻，三分球 13 中 8，追平个人 NBA 生涯单场三分纪录，第四节最后 7 分钟拿到 14 分，三分球 4 投 3 中。

NBA
HOUSTON
13

# 哈登
## 十大巅峰战役

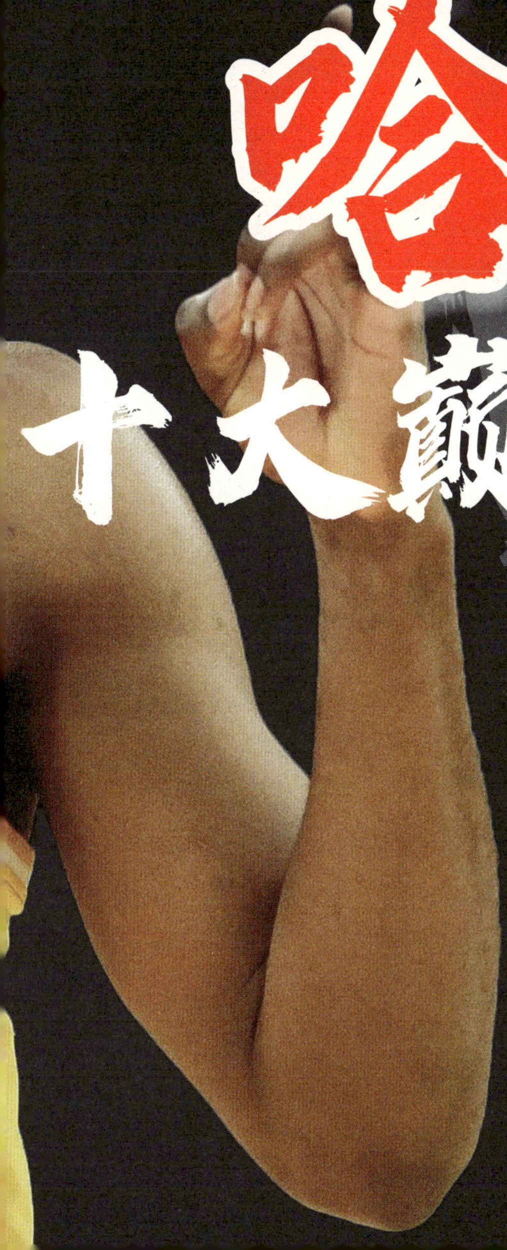

## 01 60+ 三双独一无二

三双难，高分三双更难，60+ 三双则是难上加难，NBA 创立至今，只出现过一次 60+ 三双，创造者是哈登。2018 年 1 月 30 日，哈登砍下 60 分 10 个篮板 11 次助攻，关键时刻打四分锁定胜局，火箭队以 114 ∶ 107 击败魔术队，这也是火箭队队史首次有球员单场得分 60+。

## 02 狂轰 61 分再创新高

2019 年 1 月 23 日，哈登在篮球圣地麦迪逊广场花园再次奉送砍分神迹，上半场就杀下 36 分，全场比赛 61 分，创个人 NBA 生涯得分新高，也是火箭队队史得分新纪录，火箭队以 114 ∶ 110 战胜尼克斯队。

## 03 制胜五连击平纪录

追平纪录，带走胜利，这就是哈登。2019 年 3 月 22 日，火箭队遭遇马刺队，哈登上半场就砍下 37 分，当时火箭队在终场前 4 分 47 秒落后 6 分，哈登包办火箭队接下来的 5 个运动战进球，其中包括连中 3 记三分球率队翻转战局，以 111 ∶ 105 取胜，哈登全场 61 分追平 NBA 生涯与火箭队队史得分纪录。

HOUSTON
13
ROKiT
SPALDING
Frost
4

## 04 三节 60 分无坚不摧

给哈登三节比赛，他能还给你 60 分！2019 年 12 月 30 日，**哈登出战 31 分钟 24 投 16 中，三分球 14 中 8，罚球 23 中 20，收获 60 分**，带领火箭队前三节战罢已经领先老鹰队 54 分，哈登第四节没有上场，最终火箭队以 158 ∶ 111 取胜。火箭队历史总计 4 场个人得分 60+，全都来自哈登。

## 05 神速 40+ 三双斩骑士

2019 年 1 月 11 日，火箭队以 141 ∶ 113 击败骑士队，**哈登登场 29 分 34 秒，打出了 43 分 10 个篮板 12 次助攻的大号三双**，这是 NBA 历史上仅有的一次，上场时间未超过 30 分钟，却能获得 40+ 三双。

## 06 50+15+15 历史唯一

哈登是历史级的得分巨匠，也是历史级的三双大师，他拥有一些史无前例的三双成就。2016 年 12 月 31 日，**哈登在火箭队 129 ∶ 122 击败尼克斯队的比赛中杀下 53 分 16 个篮板 17 次助攻**，这是 NBA 历史第一次也是目前为止仅有的一次 50+、15+、15+ 三双。哈登通过助攻帮助队友拿到 43 分，个人得分加上助攻得分达到 96 分，成为 NBA 历史上第二位单场个人得分与助攻得分相加 90+ 的球员，第一位是威尔特 · 张伯伦。

## 07 背靠背 40+ 三双霸榜

2020 年 1 月 8 日，在火箭队 122 ∶ 115 击落老鹰队的比赛中，**哈登贡献 41 分 10 个篮板 10 次助攻的数据，连续第二场比赛获得 40+ 三双**。这是哈登 NBA 生涯第四次背靠背 40+ 三双，在现役背靠背 40+ 三双榜上排名第一。

## 08 单枪匹马灭宇宙勇

你们四个一起上，我哈某人何惧！2019 年 1 月 3 日，火箭队对垒拥有杜兰特、库里、克莱与格林的勇士队，哈登一挑四千里走单骑，怒砍 44 分 10 个篮板 15 次助攻。两队战至加时赛，哈登在加时赛独取 11 分，终场前两秒三分准绝杀，火箭队以 135 ：134 获得胜利。

## 09 50+ 三双新春贺岁

2017 年 1 月 27 日，火箭队对垒 76 人队，哈登砍下 51 分 13 个篮板 13 次助攻，成为 NBA 历史上首位单赛季打出两次 50+ 三双的球员，火箭队以 123 ：118 取得胜利。

## 10 百次 40+ 现役第一

2021 年 3 月 17 日，已经转会篮网队的哈登，再次迎来里程碑，他在篮网队 124 ：115 击败步行者队的比赛中砍下 40 分 10 个篮板 15 次助攻，成为 NBA 历史第四位、现役唯一生涯 40+ 场次达到 100 场的球员，这是哈登第 16 次打出 40+ 三双，在 NBA 历史 40+ 三双场次榜上仅次于奥斯卡·罗伯特森（22 场）。

# 快意恩仇

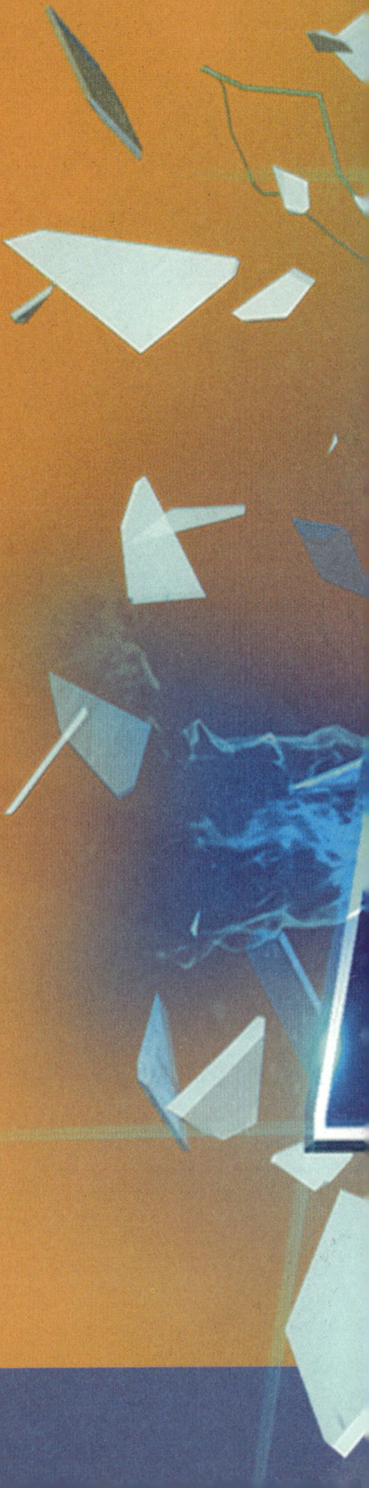

35

# 杜兰特

## 十大对手

## 01 詹姆斯

东詹西杜，联盟双绝，两人从常规赛斗到总决赛，是NBA 最璀璨的巨星战役之一。**杜兰特与詹姆斯在常规赛交锋21 场，詹姆斯 15 胜 6 负占优。季后赛对垒 14 场，杜兰特以9 胜 5 负占上风。**詹姆斯在 2012 年总决赛击败杜兰特夺取生涯首冠，杜兰特在 2017 年与 2018 年总决赛两次战胜詹姆斯，以两连冠完成复仇。如今，东詹西杜变成西詹东杜，巅峰之战仍在继续。

**常规赛**

交锋 21 场

詹姆斯 VS 杜兰特

15　6

**季后赛**

对垒 14 场

詹姆斯 VS 杜兰特

5　9

## 02 科比

詹姆斯是杜兰特的一生之敌，而科比是杜兰特的前辈，杜兰特坦言他从科比那里学到许多，不仅仅是技术，还有努力做到最好的态度。杜兰特的首次季后赛之旅（2010 年）就是与科比交锋，那个系列赛雷霆队以 2 ： 4 不敌湖人队。2012 年西部半决赛，是杜兰特与科比第二次也是最后一次在季后赛遭遇，杜兰特场均 26.8 分 8.6 个篮板，带队 4 ： 1 淘汰湖人队，那是科比 NBA 生涯最后一个季后赛系列赛。

## 03 库里

库里对于杜兰特亦敌亦友。杜兰特是 2014 年的常规赛 MVP，而 2015 年与 2016 年的常规赛 MVP 都被库里拿走。杜兰特与库里在季后赛只有一次对决，但那个系列赛改变了杜兰特职业生涯的走向。2016 年西部决赛，杜兰特场均砍下 30 分，雷霆队一度取得总比分 3 ：1 领先，但库里率领勇士队连扳三局完成逆转，库里在抢七战贡献 36 分。勇士队通过这次翻盘向杜兰特展示了他们的团队战力，杜兰特在 2016 年决定转投勇士队，成就了之后连续三年进入总决赛两次夺冠的辉煌。

## 04 莱昂纳德

莱昂纳德比杜兰特晚四年进入 NBA，杜兰特成为常规赛 MVP 的时候，莱昂纳德还没有进入全明星，但莱昂纳德以稳健的步伐成长，从最佳防守球员到攻守兼备的总决赛 MVP。2012 年、2014 年、2016 年、2017 年和 2019 年，杜兰特与莱昂纳德 5 次在季后赛交锋，稍有遗憾的是，2017 年西部决赛莱昂纳德受伤，2019 年总决赛杜兰特被伤病所困，两人尚未完成一次彻底的巅峰对战。

## 05 哈登

昔日“雷霆三少”，杜兰特是“大哥”，哈登是“三弟”，但自从哈登 2012 年去了火箭队，两人就成为对手。杜兰特与哈登交锋的高光岁月是“火勇大战”时期，2018 年西部决赛与 2019 年西部半决赛，两人连续两个赛季在季后赛激战，虽然两次都是杜兰特胜出，但杜兰特也付出了代价，他在 2019 年对火箭队的系列赛中受伤，并最终酿成了跟腱撕裂的大伤，与三连冠的良机擦肩而过，那是杜兰特勇士队生涯的终结。现在，杜兰特与哈登在篮网聚首，昔日雷霆队“大哥”与“三弟”，再次携手冲冠。

## 06 安东尼

杜兰特从未与安东尼在季后赛交过手，但“甜瓜”却是给杜兰特 NBA 生涯投下恐惧记忆的球员。杜兰特进入 NBA 后的首场比赛就是对垒安东尼领军的掘金队，那场球杜兰特得到 18 分，安东尼砍下了 32 分。在 2019 年的时候，杜兰特回忆起与安东尼的那次较量还是心有余悸：“我在赛前反复思考如何防守他，但结果大家都看到了，那场比赛之后我心情非常低落，心想是不是以后每场球都要这么艰苦。”

安东尼与杜兰特的风格有些差别，但攻击手段的全面性又十分相似。在两人 NBA 生涯的 17 次交锋中，安东尼场均得到 25 分，杜兰特场均得到 28.2 分。

## 07 邓肯

杜兰特在 2015 年接受采访选择他心中的 NBA 历史最强五人组，杜兰特将邓肯放在大前锋的位置上。杜兰特表示邓肯是 NBA 的常青树，对比赛产生着深远的影响。正如詹姆斯曾接受邓肯的洗礼，杜兰特也是在与邓肯的厮杀中成长起来的，他在 2012 年西部决赛场均 29.5 分带领雷霆队淘汰马刺队，而两年后的西部决赛，37 岁的邓肯场均 17.8 分 10.2 个篮板率领马刺队复仇雷霆队。2016 年西部半决赛，杜兰特以场均 28.5 分的表现终结了马刺队的季后赛征途，那是邓肯 NBA 生涯的告别系列赛。

## 08 诺维茨基

诺维茨基与科比，是杜兰特最喜欢的两名球员。科比是一个篮球时代的象征，而“诺天王”在球风上与杜兰特更有共鸣，他们都是拥有精湛投射的大个子。2011 年西部决赛，诺维茨基场均轰下 32.2 分，带领独行侠队击败了杜兰特领军的雷霆队，诺维茨基最终在那一年的总决赛率队夺冠。2012 年季后赛首轮，杜兰特一雪前耻，场均得到 26.5 分，领军横扫独行侠队，那一年季后赛是杜兰特首次率队挺进总决赛。

## 09 威斯布鲁克

NBA 有一个至今也没有答案的疑问：杜兰特与威斯布鲁克究竟谁防住了谁？杜兰特在离开威少后拿到了总冠军，而威斯布鲁克在与杜兰特分手后成为 MVP，连续三个赛季场均三双。两人作为对手交锋战绩也未分高下，10 次对垒各取 5 胜，杜兰特场均 32.1 分 8.6 个篮板 3.3 次助攻，威斯布鲁克场均 29.7 分 10.5 个篮板 9.3 次助攻。

## 10 阿德托昆博

阿德托昆博与杜兰特都是骨骼清奇、天赋异禀，杜兰特投射能力更强，阿德托昆博冲杀内线更猛。从交锋战绩来看，杜兰特对阿德托昆博9胜2负，但阿德托昆博作为两连MVP的巨星，上升势头极快，随着杜兰特来到东部，他与阿德托昆博的对抗将进入更加高热的时期。

OKLAHOMA
CITY
0

# 威斯布鲁克

## 十大对手

## 01 保罗

保罗是传统控卫的代表，威斯布鲁克是全能控卫的翘楚，保罗冷静沉稳，威斯布鲁克热血沸腾，两人在常规赛交锋 35 次，保罗 19 胜 16 负占优，但季后赛两次对垒（2014 年与 2020 年）都是威斯布鲁克胜出。

## 02 库里

库里重新定义了三分，威斯布鲁克重新定义了三双。库里在 2015 年与 2016 年用历史级的三分表现连夺 MVP，威斯布鲁克在 2017 年以场均三双打破了库里对 MVP 的霸榜。威斯布鲁克与库里以不同的方式，展示他们的赛场统治力，构成了顶级控卫的百花齐放。

## 03 哈登

威斯布鲁克与哈登曾在雷霆队与火箭队并肩作战，但合体状态下的他们个人能力反而受到制约，成为对手的他们才呈现各自的精彩。2017 年 MVP 票选，威斯布鲁克力压哈登获奖。2018 年 MVP 之争，哈登击败威斯布鲁克加冕。两人在常规赛交锋 21 场，**威斯布鲁克场均 27.5 分 9 个篮板 10 次助攻，哈登场均 30 分 6 个篮板 8.2 次助攻**。季后赛交锋 7 场，**威斯布鲁克场均 33.6 分 10.1 个篮板 9.7 次助攻，哈登场均 31.7 分 7 个篮板 6.1 次助攻。**

**MVP**

| | 威斯布鲁克 | 哈登 |
|---|---|---|
| 常规赛 | 27.5 分 9 个篮板 10 次助攻 | 30 分 6 个篮板 8.2 次助攻 |
| 季后赛 | 33.6 分 10.1 个篮板 9.7 次助攻 | 31.7 分 7 个篮板 6.1 次助攻 |

## 04 帕克

威斯布鲁克与帕克的比赛都有着风驰电掣的跑车风格，但两人行驶在不同的跑道上。威斯布鲁克将个人能力最大化，将能量以炸裂的方式传送出来，而帕克融入马刺队的体系中，让自我价值以团队的模式得以实现。这没有高低之分，只是兑现天赋的不同路径，各有各的精彩。

## 05 科比

威斯布鲁克 16 岁的时候第一次和科比交手，当时他还是一位学生，那只是一次野球场上的对垒，但科比却如同打总决赛一样认真，给年轻的威斯布鲁克留下了深刻的印象。威斯布鲁克是“曼巴精神”最佳传承者之一，在比赛中永不妥协，奋勇争胜，残酷无情，他拥有科比等老一辈巨星的傲骨与坚韧。

## 06 罗斯

威斯布鲁克大学时期成名于 2008 年“疯狂三月”半决赛与罗斯的对决，两人都在那一年进入 NBA，罗斯是状元，威斯布鲁克是第四位。罗斯成功来得更早，三年后就当选 MVP，而威斯布鲁克厚积薄发，与罗斯成为“08 一代”最耀眼的两颗星。威斯布鲁克与罗斯，他们都全力以赴成为最好的自己，无论经历怎样的艰难险阻，赛场英雄惜英雄。

## 07 沃尔

就运动天赋而言，沃尔与威斯布鲁克难分伯仲。沃尔状元秀出身，出道伊始就被作为建队核心培养，起点要比威斯布鲁克更高。但是，威斯布鲁克进阶速度更快，综合能力提升更猛。在两人 15 次对垒中，威斯布鲁克拿到了 12 场胜利，场均 24.8 分 7.7 个篮板 8.7 次助攻，沃尔场均 17.4 分 4.1 个篮板 9.8 次助攻。在 2020 年，威斯布鲁克与沃尔互换东家，威斯布鲁克来到奇才队重启场均三双，而沃尔在火箭队仍与纠缠不休的伤病搏斗。

## 08 利拉德

看到利拉德，威斯布鲁克仿佛见到镜中的自己，他们都是赛场上嗜血的杀手，相遇就是一场你死我活的激战。2019 年季后赛，威斯布鲁克场均砍下 22.8 分 8.8 个篮板 10.6 次助攻，但遗憾的是雷霆队未能从开拓者队那里夺走胜利，因为利拉德奉送了一场惊世之作，系列赛第五场狂轰 50 分并命中压哨绝杀，开拓者队晋级，那是威斯布鲁克最后一次带领雷霆队征战季后赛。

## 09 欧文

威斯布鲁克与欧文都是控卫中不一样的烟火，威斯布鲁克是“一号位的詹姆斯”，欧文是“一号位的科比”，一位全能盖世，一位球风绝美，共同构成了控卫盛世。如今威斯布鲁克来到东部，与欧文有了更多交锋的机会，两种风格的碰撞，力与美的搏杀。

## 10 东契奇

东契奇比威斯布鲁克晚十年进入 NBA，两人的比赛风格差异很大，但有一点却极为相似，他们都是三双机器，东契奇是年轻一代球星中最有可能打出赛季场均三双的。威斯布鲁克与东契奇之间的较量，如同全能数据展示会，威斯布鲁克场均 25 分 10 个篮板 7.6 次助攻，东契奇场均 27.4 分 7.2 个篮板 7.2 次助攻。

ROCKETS
13

# 哈登

## 十大对手

## 01 科比

哈登是科比之后攻击力最强的得分后卫，没有之一，三连得分王就是最好的证明。科比与乔丹之间有着技术特点与打法风格上的传承，而哈登自成一派，实现着另辟蹊径的火炬交接。科比曾在自传中盛赞哈登天赋卓越，有着与生俱来的比赛直觉，进攻技术全面，还懂得利用身体优势。

## 02 韦德

韦德也是一位历史级别的分卫，与哈登是两种风格，巅峰韦德如一道闪电劈裂防守，刚猛无俦。哈登在离开雷霆队后就从飞天流改变为节奏流，借力打力柔中带刚。哈登比韦德投射能力更强，韦德防守更佳，而且有总冠军加成，这些都是哈登奋斗的方向。

## 03 库里

两位球星都来自 2009 年选秀，与库里的对决见证了哈登在火箭队的辉煌与遗憾，从 2015 年到 2019 年，两人五年间四次在季后赛相遇，其中包括两次西部决赛（2015 年与 2018 年），哈登曾将火箭队带到距离总决赛仅差一胜，却咫尺天涯。

## 04 保罗

保罗是古典控卫，哈登是双能卫，两人都有驱动球队的能力，也有关键时刻见血封喉的杀伤力。哈登曾作为对手 1 ：3 逆转保罗，也曾作为队友与保罗一起率领火箭队杀入西部决赛。哈登与保罗还有一个相似之处，那就是杰出的球商，这令他们成为可以提升球队上限的领军人物。

## 05 汤普森

现役球员中有 9 人拿过单场得分 60+，但只有一人做到上场时间不到 30 分钟就轰下 60+，那就是汤普森。哈登是持球进攻的大师，汤普森是无球攻击的典范，他们以各自的方式演绎了得分后卫的两种经典模式。

## 06 詹姆斯

詹姆斯定义着这个篮球时代球队领袖的成功模式，是哈登奋斗的目标。哈登与詹姆斯在季后赛两次对决，两次都成为哈登职业生涯的转折点。2012 年总决赛，哈登效力的雷霆队输给了詹姆斯领军的热火队，哈登在休赛期被雷霆队交易到火箭队。2020 年西部半决赛，哈登的火箭队被詹姆斯的湖人队淘汰出局，这次失利令哈登最终做出了转投篮网队联手杜兰特与欧文的决定。

## 07 利拉德

哈登 NBA 生涯 4 次单场 60+ 现役第一，利拉德 3 次 60+ 现役第二。惊人的得分爆发力是哈登与利拉德共同的特点，当他们进入攻击节奏，可以采用多种攻击方式连续杀下分数，成为攻无不克的赛场杀神。哈登的“撒盐”，利拉德的“看表”，代表着当今 NBA 最杀气腾腾的气场。

## 08 杜兰特

哈登与杜兰特曾在雷霆队并肩作战，在哈登加盟火箭队、杜兰特投奔勇士队后，两人连续两年在季后赛对决。1998 年的乔丹之后，只有杜兰特与哈登三连得分王，哈登在火箭队的巅峰岁月未能跨过杜兰特的勇士队王朝，现在两人在篮网队携手，一起向总冠军进发。

## 09 威斯布鲁克

哈登与威斯布鲁克曾是队友，但作为对手的他们，或许是更好的自己。2017 年与 2018 年，威斯布鲁克与哈登先后当选 MVP。哈登是 2017 年助攻王，威斯布鲁克在 2018 年与 2019 年两连助攻王。威斯布鲁克是 2015 年与 2017 年的得分王，哈登则在 2018 年至 2020 年连续称霸得分榜。

## 10 吉诺比利

赛场上的哈登，有着吉诺比利的影子，后撤步与欧洲步等技巧运用得炉火纯青，利用身体接触创造得分良机出神入化，打法不按套路出牌，天马行空随机应变。吉诺比利成功地将自己别具一格的打法，融入马刺队严谨稳健的体系中，实现了双赢，让个人与团队都登上巅峰，哈登也在努力。

# 侠肝义胆

NBA
KLAHOMA

# 杜兰特

## 一生之友

## 01 比斯利

杜兰特 11 岁的时候就与小自己一岁的比斯利相识，并且成了亲密无间的好朋友。杜兰特与比斯利都成长于单亲家庭，由于比斯利的母亲忙于生计四处兼职，比斯利很多时候就住在杜兰特的家中，由杜兰特的母亲照顾。两位少年一起长大，一起在篮坛打出名气，先后在 2007 年与 2008 年进入 NBA，并且都是选秀榜眼，这段友情成为一段佳话。

## 02 乔治

乔治曾在真人秀节目中透露，他在 NBA 中最好的朋友就是杜兰特，杜兰特是他的铁哥们。两人关系好到乔治去哪里打球都会征求杜兰特的意见，乔治在 2017 年选择雷霆队就是听取了杜兰特的推荐。

## 03 伊巴卡

杜兰特与伊巴卡在雷霆队并肩作战七年，杜兰特对伊巴卡非常照顾，带着他一起训练，一起玩，还将自己的好友推荐给伊巴卡，扩大伊巴卡的社交圈子。伊巴卡曾亲自撰文，感谢杜兰特对他的帮助："KD 就是我的家人，我永远不会忘记他为我做的一切。"

OKLAHOMA
CITY

OKLAHOMA
CITY
0

# 威斯布魯克

## 一生之友

## 01 巴尔斯

巴尔斯是威斯布鲁克最好的朋友，也是一位天赋出色的篮球运动员，他们曾一起畅想未来，共同到 UCLA 打球，然后进入 NBA。遗憾的是，巴尔斯在 2004 年因心脏病去世。从巴尔斯离开的那一天开始，威斯布鲁克就在为他与好友共同的心愿奋斗，他将巴尔斯的名字刻在手环和球鞋上，带着巴尔斯的期待一路打到 NBA，成为 MVP 级巨星，让梦想照入现实。

## 02 乐福

威斯布鲁克与乐福在 UCLA 是队友，性格相投，关系亲密，当球队去打客场的时候，两人住在一个房间，赛场内外都相当合得来。2008 年选秀，威斯布鲁克在第四位当选，乐福在第五位上榜，当乐福的名字被叫到，威斯布鲁克激动得欢呼。进入 NBA 之后的威斯布鲁克与乐福继续保持着深厚的友谊，两人在 2020 年共同入选了 UCLA 名人堂。“我们是一辈子的兄弟，我非常珍惜我们之间的友谊，很开心我们能够一路同行。”威斯布鲁克谈到与乐福的交情时说。

## 03 哈登

威斯布鲁克 10 岁的时候就与哈登成了朋友，两人的友谊从少年时期起步延续至今。尽管威斯布鲁克与哈登在雷霆队与火箭队合作期间未能夺取冠军，但这并未影响两人的友情。威斯布鲁克说：“我们从小相识，一起在加州长大，能在 NBA 有一位和你共同成长的朋友是非常幸运的事情。”

UC

OCKETS
13

哈登

一生之友

## 01 佩拉

佩拉是哈登的高中教练，是他的篮球教父。刚进高中校队的哈登是一个小胖子，还患有哮喘，表面天赋并不耀眼，但佩拉在日常的训练和队内比赛中，发现了蕴藏在哈登身上的篮球才华，并努力进行开发。哈登征战NBA的很多技术都是高中时期在佩拉的指导下打下基础的，比如他造犯规的能力，佩拉当时发明了“汉堡训练法”，佩拉与哈登约定，如果一场比赛得到6个以上的罚球，哈登就会获得汉堡或者比萨作为奖励。在佩拉的悉心栽培下，哈登从一位普通的篮球少年，成长为璀璨的篮球之星，他们的师徒情已经升华为一种特别的亲情。“他现在长大了，是我的朋友，也是我的家人。”佩拉说。

## 02 德罗赞

哈登与德罗赞都来自2009届选秀，两人相识于少年时期，在比赛中结下了深厚的友谊，哈登曾坦言德罗赞是联盟中与他关系最好的球员，德罗赞曾一度受困抑郁症，哈登为了照顾好友，休赛期搬到了德罗赞的家里，帮助好兄弟渡过难关。“我从12岁开始就和他成了好哥们，他是我最好的朋友。”德罗赞说。

## 03 威斯布鲁克

威斯布鲁克曾是哈登的队友，更是哈登的好友，两人的关系早已超出篮球范畴，是一起成长的伙伴。“从我10岁开始，我们就是朋友了，我们是一起长大的。”哈登说。

Frost
10

# 盖世神功

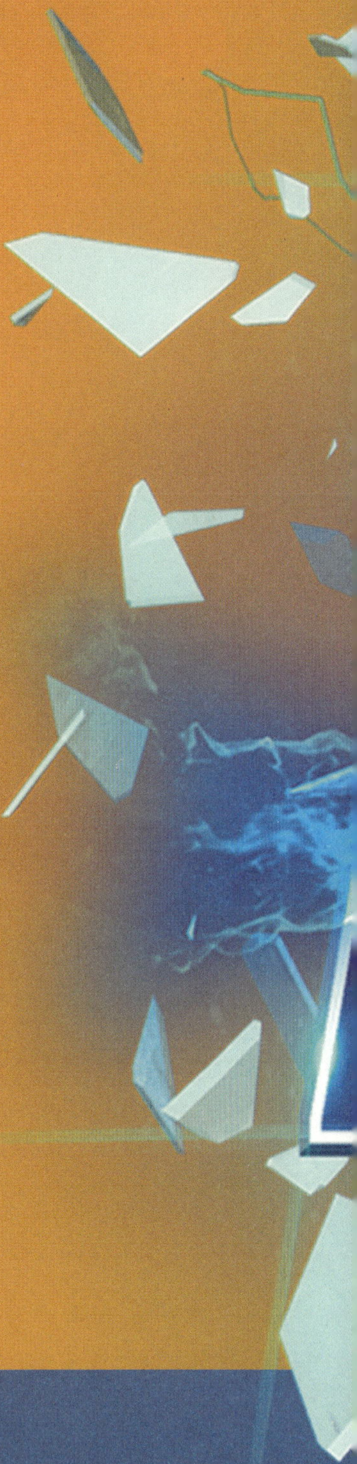

GOLDEN STATE
35
WARRIORS
Rakuten

# 杜兰特

## 五大必杀技

## 01 干拔跳投

干拔跳投是杜兰特的招牌技，扎实的投篮基本功，炙热的投篮手感，结合 2.08 米的身高、2.28 米的臂展形成的高出手点，令杜兰特的干拔跳投极难防守，无论是中距离还是三分球都极具杀伤力。

## 02 交叉步运球

杜兰特可以通过无球跑动接应队友分球直接干拔跳投，也可以在得球后一对一单挑，这时候交叉步运球就成为他进攻的“启动键”。杜兰特会用脚步试探对方的防守，做出向一侧切入的假动作，然后交叉步变向晃开防守，获得投篮空间，干拔出手干脆利落。

## 03 变向突破

杜兰特的独特之处在于他拥有大前锋甚至中锋级别的身高，却具备后卫的运球能力和小前锋的机动性，再加上特有的大步伐，杜兰特的突破同样犀利，而且有干拔跳投的技能加成，令对方防守的时候左右为难，杜兰特可以根据对方的防守方式决定是突是投。

## 04 妙传助攻

杜兰特是一位被低估的传球手，他 NBA 生涯场均有 4.1 次助攻，5 个赛季场均助攻达到 5 次或以上。杜兰特不是詹姆斯那种组织型前锋，但他自身强大的攻击力，可以牵制对方的防守，而他出色的配合意识与传球手法，能够在准确的时机为队友输送“炮弹”，盘活全队的进攻。

## 05 防守铁闸

杜兰特在雷霆队效力期间，进攻是他的标志，当他来到勇士队后，攻击力依旧是联盟顶级，与此同时防守能力在勇士体系中绽放光芒，尤其在“死亡五小”阵容中，杜兰特能里能外的无差别防守，成为勇士队夺冠的关键武器。杜兰特的防守如同他的进攻，大个子能做的，他可以，小个子能做的，他也没问题。

THUNDER
0
OKC

# 威斯布鲁克

# 五大必杀技

## 01 闪击突破

威斯布鲁克的突破充满了暴力美学的气息，没有那些花哨的运球动作，一个变向加速就如同出膛炮弹轰塌对手防线，那是运动天赋的炸裂式闪击，融合威斯布鲁克科幻色彩的凶悍表情，仿佛烈焰喷发烧毁眼前一切阻挡。

## 02 篮板机器

威斯布鲁克独具匠心的快攻奔袭基础是篮板的拼抢，只有拿到篮板，才有后续的贯穿全场轰击篮筐。威斯布鲁克身高1.90米，这个高度在NBA并不突出，但他职业生涯却有4个赛季场均篮板上双，这是非凡的成就。威斯布鲁克篮板能力这么强，有天赋因素，身体强壮擅长对抗，弹跳惊人空中揽月，此外还有意识和技巧因素，威斯布鲁克篮板预判能力出众，在卡位和摘板上又有自己的小窍门，总是能够出现在准确的位置上带走篮板。

## 03 急停跳投

威斯布鲁克的急停跳投有着鲜明的个人特点，高速行进中突然“刹车”，如弹簧般拔地而起，依靠强大的腰腹力量与垂直弹跳，在空中悬停，仿佛一架战斗机凌空射击。由于威斯布鲁克突破能力太强，防守者不得不留出一定的空间设防，这给了他施展急停跳投绝技的空间，突与投相辅相成。

## 04 快攻奔袭

“快攻人人会，威少大不同”。威斯布鲁克的快攻是旋风一条龙，自己抢篮板，自己运球奔袭，迅雷般的速度，将防守者甩在身后，一骑绝尘而去，以石破天惊的灌篮完成攻击，一气呵成，畅快淋漓。

## 05 传球大师

因为威斯布鲁克的比赛风格看上去刚猛无俦，他的细腻之处往往被忽视，传球就是其中之一。威少 NBA 生涯场均 8.4 次助攻，5 个赛季场均助攻上双，2017–2018 赛季与 2018–2019 赛季蝉联助攻王。威斯布鲁克的突破为他带来了绝佳的突分机会，抓下篮板推动反击产生送出妙传的良机，当威斯布鲁克落入阵地战挡拆，阅读比赛破解防守的球商，又让他能以传球引领队友跑位攻下分数。外表粗犷、打法狂野的威斯布鲁克，实际上是一位以球领人的高手，这或许是他最被低估的必杀技。

BROOKLY
13
NETS

# 哈登

# 五大必杀技

## 01 后撤步跳投

后撤步投篮并非篮球领域的新生事物，但将这项技巧用到成为必杀神技的，哈登是代表人物。后撤步跳投对于球员的控球能力、节奏把控、身体协调和投篮稳定性都有很高的要求，使用不慎甚至会弄巧成拙，而哈登却能够做到闲庭信步，除了天赋条件外，钻研与苦练也必不可少。

## 02 制造犯规

哈登 NBA 生涯有 7 个赛季场均罚球 10+，这是他制造犯规能力的体现。制造犯规是一箭双雕的杀伤，既可以通过罚球获得轻松得分的机会，也可以增加对手的犯规数，形成心理压力。哈登制造犯规水平高是因为他对于规则的研究十分到位，了解怎样做才能从裁判那里获得哨声。此外，哈登的节奏型打法让对方防不胜防，跟不上他的节奏变换，就容易出现犯规动作。出众的上肢尤其是手部力量让哈登制造犯规事半功倍，可以在对方采取干扰动作的时候，控制住球并完成投篮，造成可以获得罚球机会的犯规，这也是哈登罚球多的重要原因。

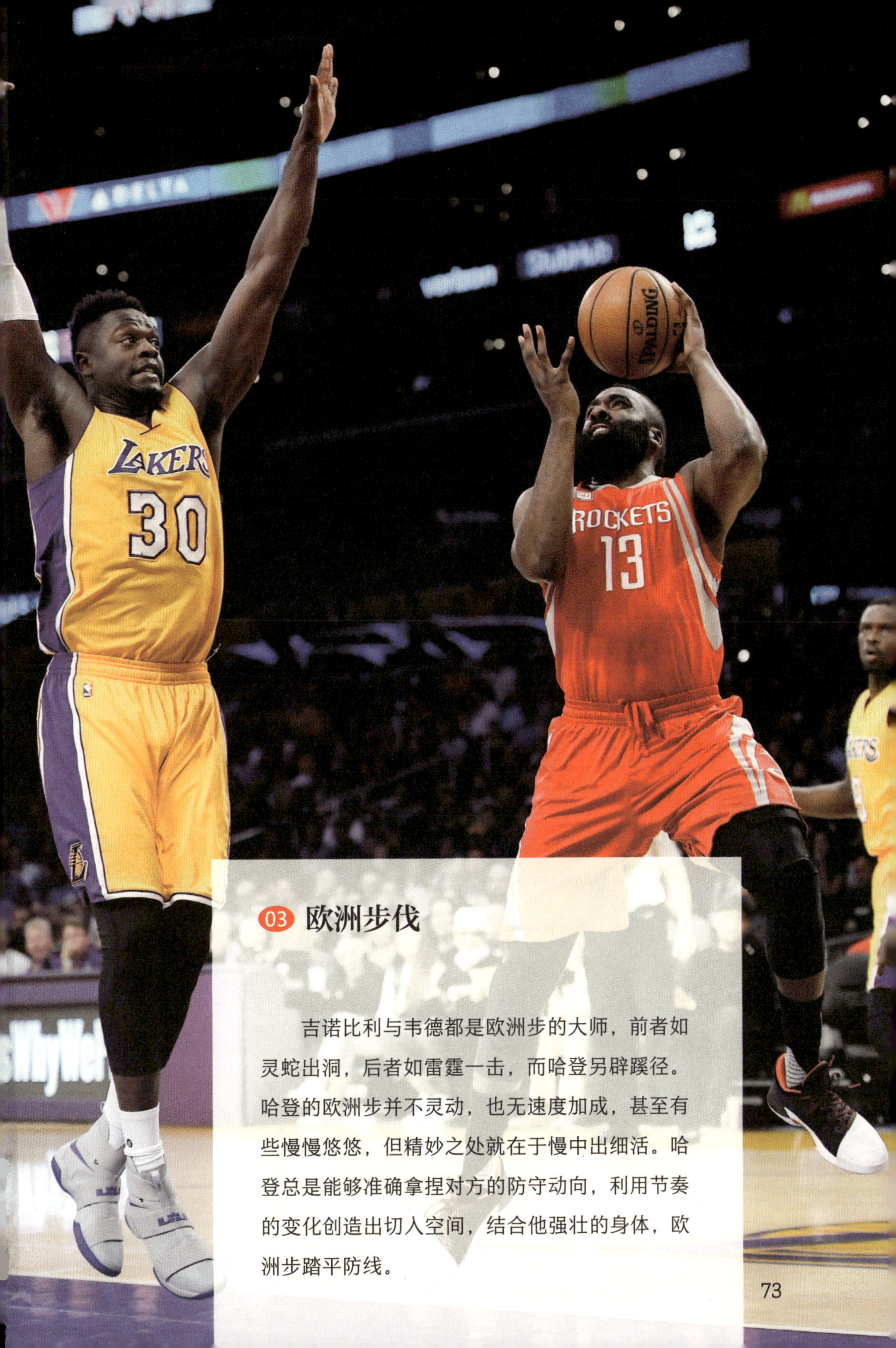


## 03 欧洲步伐

吉诺比利与韦德都是欧洲步的大师，前者如灵蛇出洞，后者如雷霆一击，而哈登另辟蹊径。哈登的欧洲步并不灵动，也无速度加成，甚至有些慢慢悠悠，但精妙之处就在于慢中出细活。哈登总是能够准确拿捏对方的防守动向，利用节奏的变化创造出切入空间，结合他强壮的身体，欧洲步踏平防线。

## 04 组织进攻

哈登是得分后卫，但他曾在2016–2017赛季成为联盟助攻王，2020–2021赛季领跑助攻榜。二号位与一号位，得分手与组织者，哈登可以自如切换、无缝对接，而且两项技能相辅相成。因为哈登单打能力强，可以吸引防守为队友创造得分良机；而他卓越的传球能力，又令对手不敢轻易包夹。哈登有着非凡的比赛阅读力，无论是突破分球，还是挡拆中的传接，他都信手拈来，他是那种既可以守护球队成绩下限，又能提高球队战绩上限的建队核心。

## 05 三分暴雨

在小球时代无三分不篮球，哈登的远投技能火力充沛，他曾在2018年至2020年连续三个赛季称霸联盟三分榜，21场比赛投进至少8记三分球，历史第三。一对一中的撤步远射，挡拆中的干拔远投，无球跑动利用掩护接球远程轰炸，哈登无一不精，而且他还将制造犯规的能力融入三分投射中，3+1对于哈登来说也是家常便饭。